Inteligencia Emocional
Libros 1-2
Un libro de Supervivencia de Autoayuda Efectiva, con Estrategias Exitosas y Técnicas de sanación que guiarán tu camino hacia el Bienestar Emocional.
Empatía
La guía de la empatía para superar la ansiedad social como persona empática y altamente sensible
Manipulación:
Guía para el Dominio de la Manipulación Usando Técnicas de PNL

Por: Daniel Patterson

Tabla de Contenidos
Libro-1
Empatía
Libro-2
Manipulación

Empatía
La guía del empático para superar la ansiedad social como persona empática y altamente sensible

Por: Daniel Patterson

Tabla de Contenido

Introducción
Capítulo 1: ¿Qué significa ser empático?
Capítulo 2: Entendiendo su naturaleza empática
Capítulo 3: Bloqueando Pensamientos y Emociones No Deseadas
Capítulo 4: Cómo limpiarse de las energías no deseadas
Capítulo 5: Ejercicios para protegerte en entornos sociales y ayudarte a conectarte con tus propias emociones
Capítulo 6: Meditación para empáticos
Capítulo 7: Cristales y Aceites Esenciales para Beneficiar a los Empáticos
Capítulo 8: Tener relaciones exitosas como empático
Capítulo 9: Consejos adicionales para prosperar como empático
Capítulo 10: Cómo nutrir tu empatía interior
Conclusión

Introducción

El mundo científico se refiere a los empáticos como personas 'altamente sensibles', lo que significa que tienen una mayor percepción del mundo que les rodea. Esto puede causar gran ansiedad y hacer que se sientan exhaustos y agotados después de tratar con grupos grandes. Sin embargo, para la mayoría de los empáticos, los problemas de ansiedad social y de sentirse abrumados vienen de no entender lo que significa ser una persona altamente sensible o cómo manejar los síntomas.

A menudo, los empáticos no se dan cuenta de lo que están experimentando hasta más tarde en la vida. Pueden tener dificultades con problemas como la depresión y la ansiedad en su juventud, lo cual puede ser considerado como pubertad o desarrollo natural. Sin embargo, los empáticos no salen de su sensibilidad. Mientras que algunos aprenden a controlarlo naturalmente o tratan de limitar su exposición a grupos grandes o a ciertas personas, otros luchan con él hasta que encuentran ayuda externa.

Si has estado luchando con problemas como depresión, ansiedad o incapacidad para funcionar debido a las emociones fuertes que experimentas, este libro te dará la ayuda que necesitas. Encontrarás respuestas a tus preguntas sobre la empatía, así como un cuestionario útil que puede ayudarte a entender algunos de los rasgos de personalidad que te convierten en un empático. También aprenderás sobre la ciencia que hay detrás de ser empático, así como estrategias que te ayudarán a superar en tu vida diaria.

Esta útil guía para vivir como un empático te ayudará a aprender a dejar de manejar tu vida y empezar a vivirla. Encontrarás que hay nuevas oportunidades disponibles para ti, simplemente porque tienes control sobre las emociones que estás sintiendo y la habilidad de bloquear energías no deseadas. Tú no tienes que existir simplemente como un empático, puedes usar tu don para mejorar la calidad de tu vida.

¡Feliz lectura!

Capítulo 1: ¿Qué significa ser empático?

Según el diccionario Merriam-Webster, empático es "el que experimenta las emociones de los demás". Esta es la mejor manera de resumir la experiencia de un empático, ya que el desarrollo de su personalidad y de quiénes es, se ve afectado por su capacidad para experimentar las emociones de las personas que lo rodean.

Ser empático describe no sólo cómo percibes el mundo que te rodea, sino también las acciones que tomas como resultado de estas percepciones. Por ejemplo, los empáticos pueden ser más propensos a cancelar planes cuando se sienten abrumados por la vida o pueden necesitar encontrar soledad en algún lugar durante el día de trabajo. Ser empático es tanto una bendición como una maldición que afecta la forma en que vives tu vida.

Una experiencia consciente vs. una experiencia empática

Una de las razones más grandes por las que los empáticos luchan por entender su experiencia y cómo interactuar con el mundo es que sus emociones no ocurren conscientemente; ocurren en lo profundo de la mente subconsciente y el empático experimenta la emoción antes incluso de tener la oportunidad de reconocerla conscientemente. La mejor manera de explicar esto es considerar cómo aprenderías a hacer algo simple, como lanzar una pelota si nunca antes has lanzado una. Cuando un niño aprende a lanzar una pelota, primero toma la decisión inicial de aprender la habilidad de lanzar. No importa si lanzar la pelota es algo que podría ocurrir naturalmente - incluso alguien que tiene gran flexibilidad, coordinación y fuerza muscular tendría que tomar la decisión consciente de recoger la pelota y practicar antes de que pueda aprender la habilidad.

Pensar o decir: "Quiero lanzar esa pelota" crea la acción física. Crea el deseo que es necesario antes de poder aprender algo. Piensa en lo difícil que sería superar un hábito como el de fumar sin querer hacerlo. Incluso después de que te alejaste de la nicotina, es posible que todavía tengas antojos mentales porque no querías dejar de fumar. Al pensar o decir: "Quiero lanzar esa pelota", creas la manifestación física de esa acción. El siguiente paso es la serie de movimientos: recoger la pelota, sostenerla, posicionarla para apuntar al objetivo y lanzarla. Mientras que el período de práctica puede ser más corto para un niño inclinado de manera más natural a lanzar la pelota, ese pensamiento inicial que desencadena el proceso de aprendizaje es el mismo. Esto se conoce como aprendizaje consciente: es el deseo consciente y el proceso de hacer algo.

La conciencia es algo que la mayoría de las personas experimentan al vivir su vida diaria. Son conscientes de que están conduciendo al trabajo, sentados en su escritorio, paseando al perro y lavando los platos. Esto no quiere decir que la gente no se desconecte de su conciencia de vez en cuando, pero su conciencia les da una mayor habilidad para controlar su experiencia. Tienen la opción de volver a sintonizar cada vez que se den cuenta de que han salido de su conciencia.

Los empáticos experimentan la vida en un nivel subconsciente, especialmente antes de que se den cuenta de su condición. Tienen problemas para bloquear las emociones o responder apropiadamente en situaciones sociales porque es su mente subconsciente la que experimenta primero las emociones de la otra persona. Esto significa que sus pensamientos, sentimientos y acciones ya han ocurrido en cuestión de momentos y no tienen tiempo para disminuir la velocidad y considerar la situación conscientemente. Parte de aprender a vivir como un empático es superar esta reacción, aparentemente automática, a las personas y lugares que te rodean. Aprenderás a cimentarte y a considerar tus propias emociones, así como a bloquear las energías no deseadas que estás experimentando en tus encuentros con otras personas.

Rasgos comunes de personalidad del empático medio

Los empáticos existen en un espectro, siendo algunos más sensibles a las emociones y energías que les rodean que otros. Aunque los empáticos tienen personalidades diferentes, hay algunos rasgos de personalidad que son comunes entre los empáticos, independientemente de la fuerza de sus habilidades. Estos rasgos comunes incluyen:

- Sensibilidad al sufrimiento- Los empáticos son sensibles a muchos dolores. Algunos empáticos pueden sentir el dolor y el sufrimiento de los animales y las plantas, no sólo de los humanos. Los empáticos pueden sentirse afligidos por los mismos dolores que el animal o pueden verse consumidos por la tristeza. También es común que los empáticos eviten ver o leer las noticias, especialmente si se trata de temas como el sufrimiento, la muerte o la guerra.
- Confusión en las multitudes- Es casi imposible enfocarse cuando se está siendo amonestado por varias emociones, ya sean positivas, negativas o una combinación de ambas. Los empáticos a menudo experimentan confusión o ansiedad en grandes multitudes porque su mente está absorbiendo las emociones de todos los que los rodean a la vez.
- Habilidades de sanación- Los empáticos comúnmente afectan a las personas que están mental, física o emocionalmente lesionadas, simplemente porque posponen una energía de sanación. Cuando los empáticos absorben algunas de las emociones de otros, naturalmente liberan algo del dolor o estrés que están sintiendo. Otros empáticos aprenden a proyectar una energía curativa y calmante que puede ser beneficiosa para las personas con dolor o que están bajo estrés.
- Amabilidad- La tendencia promedio de los empáticos a evitar el conflicto y la empatía por los demás los hace naturalmente amables. Esta bondad viene del deseo de crear un mundo más positivo, así como de evitar las emociones negativas que

vienen de herir a alguien emocional o físicamente.
- Carisma- Los empáticos son naturalmente simpáticos, incluso cuando tratan de evitar a la gente por su don. Cuando afinas tu don, aprendes a navegar por el trabajo y las situaciones sociales de una manera que deja a la gente sintiendo que eres de buen carácter y encantador. Este carisma es algo que viene naturalmente.
- Mayor sensibilidad al medio ambiente - Los empáticos son sensibles en su percepción de muchos sentidos, no sólo de las energías de las personas. Pueden volverse ansiosos o irritados por ciertos olores, sonidos agudos y otros matices que la mayoría de las personas ignoran o desentonan. Además, los ruidos fuertes, las luces brillantes y los olores intensos pueden llegar a ser abrumadores.
- Necesidad de alejarse- Es fundamental que los empáticos encuentren tiempo para sí mismos. Incluso los empáticos que se recargan mejor en grandes multitudes pueden encontrarse buscando tiempo de inactividad sin estimulación externa. Este tiempo es crítico para revisar sus propias emociones y equilibrar su energía. Una vez que regresa al grupo, se siente más capaz de protegerse de las emociones de los demás.

Cómo afecta tu vida el ser empático

Aunque la definición de empatía ofrecida por Merriam-Webster es exacta, es bastante breve y hace poco para describir la experiencia de empatía en su totalidad. Una definición mucho mejor es ésta, publicada en 1759 por Adam Smith en *The Theory of Moral Sentiments (La Teoría de los Sentimientos Morales)*:

"Las personas de fibras delicadas y constitución débil del cuerpo se quejan de que al mirar las llagas y úlceras que exponen los mendigos en las calles, son propensos a sentir una sensación de picazón o inquietud en la parte correspondiente de sus propios cuerpos. El horror que conciben ante la miseria de esos mendigos afecta a esa parte particular de ellos más que a ninguna otra; porque ese horror surge de concebir lo que ellos mismos sufrirían, si realmente fueran los mendigos a los que miran, y si esa parte particular en sí mismos fuera realmente afectada en el mismo hombre miserable".

Esta definición captura la profundidad de la aflicción de un empático y la prevalencia de los problemas de los demás en su vida. Si miras de cerca tu vida, verás la forma en que el ser empático ha cambiado la forma en que llevas a cabo tus tareas diarias. Al considerar la manera en que el ser empático cambia tu vida, estás viendo las diferentes áreas de tu vida que puedes cambiar controlando tu don. No sólo aprenderás a sobrevivir en el mundo, sino que también aprenderás a superarte y a usar tu naturaleza empática para cambiar la experiencia de tu vida.

Los empáticos y relaciones

Uno de los mayores problemas que tienen los empáticos en las relaciones es encontrar el equilibrio entre pasar tiempo con su pareja y tener el espacio que necesitan para estar mental, emocional y físicamente sanos. Los empáticos necesitan encontrar tiempo para recargar sus energías y sin hacer eso, se convierte en un problema en las relaciones serias y cuando las personas viven juntas, los empáticos tienen problemas para encontrar su centro. Esto incluye las relaciones románticas, así como las amistades y las relaciones familiares.

Sin embargo, ser empático en una relación también te da una mayor comprensión de cómo se siente la otra persona. Puedes juzgar mejor cómo se sienten y por qué están molestos. Esta visión te hace un amigo o compañero más comprensivo. También te ayuda a resolver mejor los problemas ya que entiendes las verdaderas intenciones de las personas y las emociones subyacentes.

Los empáticos y la interacción social

Mientras que algunos empáticos rehúyen la interacción social, especialmente aquellos que aún no han aprendido a protegerse, otros prosperan con la interacción social. Parte de ser un empático es entender si eres introvertido, extrovertido o una combinación de ambos, y luego usar esa información como ayuda para recargarte después de un largo día de protegerte de las energías que te rodean. Por ejemplo, algunos empáticos prosperan en torno a las personas adecuadas. Pueden recargarse mejor si están rodeados de un pequeño grupo de amigos y charlan sobre el trabajo o van a un parque de perros y observan a la gente interactuar con sus mascotas. Otros empáticos pueden recargar mejor tomando un baño relajante o coloreando.

La clave para ser un empático y formar relaciones sociales saludables es formar vínculos con personas que entiendan tus necesidades. También debes hacer lo que puedas para controlar tu situación, como conducir tú mismo cuando decidas ir a una fiesta, para que puedas irte cuando estés listo.

Los empáticos y el lugar de trabajo

Los empáticos en el lugar de trabajo pueden encontrarse luchando para lidiar con las emociones de quienes los rodean; o triunfando, utilizando sus habilidades empáticas para navegar por la fuerza laboral. Los empáticos pueden tener problemas en un ambiente de trabajo tradicional. Algunos prosperan mejor cuando trabajan a distancia o están a cargo de sí mismos, mientras que otros trabajan con éxito en el sector de la salud, el trabajo social, el cuidado de los animales y otras posiciones en las que pueden usar sus habilidades de sanación.

Cuando un empático juega con sus fortalezas, puede usar sus habilidades como la resolución de conflictos y la comprensión de los demás para ayudar a guiarse a sí mismos (y a las personas que lo rodean) al éxito. Los empáticos tienen un gran potencial de liderazgo si aprenden a bloquear las energías no deseadas y a aprovechar sus habilidades empáticas de una manera positiva.

El desarrollo de los empáticos: De la infancia a la edad adulta

Los empáticos nacen típicamente como individuos altamente sensibles, reforzando la idea de que algunas personas nacen genéticamente sensibles. El investigador y psicólogo del desarrollo Jerome Kagan está entre los individuos más renombrados en el estudio de temas como la naturaleza vs. la crianza en lo que se refiere al desarrollo psicológico de un niño. Entre sus estudios se encontraba uno sobre la timidez, que comenzó después del nacimiento. El estudio inicial involucró a 462 bebés de buena salud que fueron expuestos a tipos de estimulación desconocidos, incluyendo la de naturaleza visual, auditiva y táctil. Aproximadamente el 20% de los bebés en el grupo de prueba tuvieron una reacción altamente ansiosa a estos eventos, indicando una respuesta mucho más fuerte a la estimulación externa. De estos bebés, los que fueron más estimulados por las señales se convirtieron en individuos muy sensibles y tímidos. Esto ocurrió independientemente de su educación. A la doctora Elaine Aron también se le atribuyen sus ideas sobre la psicología del desarrollo en la medida en que se aplican a individuos altamente sensibles, ya que su investigación muestra que hay más en los empáticos que las simples diferencias entre lo introvertido y lo extrovertido, tal como se describen en los conceptos de Jung.

Crecer como empático conlleva un conjunto único de luchas que deben ser superadas, muchas de las cuales afectan la vida del niño a largo plazo. No es raro que los niños lloren mucho cuando son bebés, causando a sus padres y cuidadores una gran frustración. También pueden tener más necesidades que el niño promedio y si sus padres no entienden estas necesidades; pueden decirle a sus hijos que necesitan aprender a crecer con piel más gruesa o endurecerse. Esto hace que el niño pierda partes importantes de su sistema de apoyo y puede ser el comienzo de su retirada de la interacción social porque no creen que son lo suficientemente fuertes para el mundo y no tienen a sus padres allí para guiarlos a través de él.

Los niños que viven como empáticos también pueden enfrentarse a dificultades con otros adultos durante su vida. Los maestros y los médicos a menudo no se dan cuenta de que los niños son demasiado sensibles a su entorno. Los maestros pueden tener dificultades para lograr que el niño preste atención y pueden informar que tienen problemas para concentrarse en sus lecciones cuando la realidad es que el niño está sobre estimulado. Esto puede causar que los niños sean etiquetados incorrectamente como niños con Trastorno de Déficit de Atención (ADD) o Trastorno Hiperactivo de Déficit de Atención (ADHD). Los padres y los médicos pueden tratar de medicar al niño para resolver el problema, con diferentes grados de éxito, ya que el problema no es la incapacidad de concentrarse. Aunque el maestro, el médico y el padre no pueden ser culpados necesariamente por esto, esto sucede porque los psicólogos no necesariamente entienden a los empáticos todavía.

Los niños que viven como empáticos también pueden tener problemas en hogares que son estresantes. Por ejemplo, si los hermanos o los padres se pelean constantemente o hay mucha infelicidad, puede ser difícil para el niño encontrar la paz. Además, es posible que los niños no puedan encontrar amigos que los apoyen a una edad tan temprana, ya que los niños pequeños no entienden la importancia de que una persona empática tenga tiempo para dar un paso atrás y reagruparse.

Desafortunadamente, la mayoría de los niños que crecen como empáticos tienen sus problemas aparentes en la niñez. A medida que todos estos problemas con la socialización, la escuela y la vida en el hogar recaen sobre sus hombros, es fácil que los niños se sientan abrumados y estresados. A medida que los niños crecen y se convierten en adolescentes, pueden sentir que son una carga para las personas que los rodean o que hay algo malo en ellos. No es raro que los niños empáticos desarrollen ansiedad y/o depresión como resultado de ello. Aunque los medicamentos pueden ayudar, la dosis a menudo adormece al niño en el mundo exterior y simplemente encubre el problema. Incluso si toman el medicamento continuamente, el entumecimiento que desarrollan les quita la conexión con otras personas y hace que las amistades y relaciones sean más difíciles de mantener. Sin medicamentos, los adolescentes pueden tratar de frenar o suprimir sus comportamientos y sensibilidad. Al acumular todo, el sistema nervioso se sobrecarga y la mente se agota. Esto resulta en ansiedad y depresión también.

Incluso cuando un empático crece hasta la adolescencia y se convierte en adulto, ser empático viene con sus desafíos. Estos son peores cuando no se dan cuenta de que son altamente sensibles. La clave para el bienestar como empático es aprender a encontrar el equilibrio entre estar sobre estimulado y sub estimulado. Mientras quieres comprometerse con el mundo exterior, para no sentirte solo o deprimido, también debes encontrar tiempo para ti mismo y aprender a recargar tu energía para funcionar en el trabajo, en las relaciones, en el hogar y en tu vida social.

Ventajas y desventajas de ser empático

Antes de aprender a cimentarse, bloquea las energías no deseadas y limpia el espacio energético a tu alrededor; los empáticos suelen asociar el ser empático con una experiencia de vida negativa. Los empáticos a menudo tienen dificultades para encontrar un espacio en el lugar de trabajo, tienen dificultad para mantener relaciones íntimas y pueden evitar las interacciones sociales porque se sienten exhaustos al final de un largo día. Aquí están algunas de las maneras en que el ser empático puede impactar su vida.

Ventajas

1. Tú sanas las emociones de las personas que te rodean. Aunque los empáticos normalmente absorben energías, también tienen el potencial de manipular la energía de una habitación. Simplemente proyectando una energía positiva o relajante hacia afuera, los empáticos pueden ayudar a calmar la energía en una habitación. Esto es útil para la resolución de conflictos y para colaborar con otros.

2. Tienes una energía sanadora. Si alguna vez has escuchado a un pariente o amigo hablar de sus problemas y te has sentido exhausto después, probablemente has absorbido al menos algunas de las emociones negativas que se describen. Los empáticos se sanan naturalmente, que es la razón por la que se los busca comúnmente cuando alguien cercano

a ellos está pasando por un momento difícil. La clave para dominar este talento es proyectar una energía calmante y sanadora sin asumir las emociones negativas hacia ti.

3. Puedes elegir buscar energías positivas para levantar tu espíritu. Como puedes tomar energías negativas, también puedes tomar energías positivas. Esto te permite recargarte cuando te sientas deprimido. También te da una idea de los pasos que puedes dar para que tu experiencia empática sea positiva en lugar de negativa.

4. Puedes conectarte con otros en un nivel profundo. Como empático, tienes la compasión y la empatía que te permite entender el mundo y las personas que te rodean. Puedes ser más considerado con las circunstancias de la vida de otras personas y conectarte con ellas a través de este entendimiento. Al entender profundamente a los demás, también puedes persuadir a alguien para que vea tu punto de vista.

5. Puedes elegir personas de calidad para que estén en tu vida. La confusión que viene con el desarrollo de relaciones puede ser desalentadora. A medida que aprendas lo que necesitas como empático y cómo controlar tus habilidades, encontrarás que hay personas que también entienden tus necesidades. Puedes formar sólidas conexiones con gente de calidad, ayudándote a superar la sensación de que tienes que aislarte para evitar sentir emociones no deseadas.

Desventajas

1. Es fácil para ti sentirte abrumado. Ya sea que se trate de olores poderosos, luces brillantes o fuertes oleadas de emociones, los empáticos pueden ser sobre estimulados fácilmente por su entorno. En vez de endurecerte cuando tus defensas están bajas, nota cuando te sientes irritado o ansioso y aléjate para volver a centrarte.

2. No estás seguro de tus propias emociones. Los empáticos suelen canalizar las emociones de las personas en su entorno inmediato, así como las emociones de las personas cercanas a ellos, independientemente de dónde se encuentren. Esto puede hacer que sea confuso cuando estás tratando de entender cómo te siente acerca de algo.

3. Tienes dificultad para encontrar los entornos sociales adecuados. No es necesario ser un hobbit para ser un empático feliz, sin embargo, puede ser difícil encontrar el ambiente adecuado. Lo mejor que puedes hacer es entender tus necesidades únicas y atenderlas cuando eres sociable.

4. Evitas la confrontación. Esto puede ser un problema si alguien está sobrepasando los límites, está siendo grosero o molestándolo. En vez de eso, abraza los sentimientos de enojo, decepción o tristeza a medida que se acercan y abordan el tema. Esto evitará que te sientas molesto en el futuro.

5. No te tomas bien la crítica. Los empáticos a menudo se sienten atacados cuando alguien critica. Esto se siente como un ataque personal que puede hacer que te sientas molesto, incluso si sólo te tocaron la bocina por no moverte lo suficientemente rápido cuando estás sentado en un semáforo en rojo.

Cuestionario: ¿Soy un empático?

Algo que hay que tener en cuenta al leer este cuestionario es que tu identidad como empático se encuentra en un espectro. Aunque los empáticos comparten partes similares de su experiencia de vida, como su sensibilidad a las emociones de las personas que los rodean, no todos los empáticos tienen las mismas luchas. Existen empatía en un espectro de sensibilidad, siendo algunos más afectados por las emociones que otros. Además, algunos empáticos son naturalmente más expertos en controlar su don. Es posible que no respondas 'sí' a todas las preguntas que aparecen a continuación por esta razón. Si respondes 'sí' a por lo menos a siete preguntas, eres una persona empática o altamente sensible.

1. ¿Me siento mentalmente exhausto después de estar cerca de alguien que está triste, enojado o molesto de alguna otra manera?
2. ¿La gente me llama demasiado sensible o dice que mis sentimientos se hieren con demasiada facilidad?

3. ¿Necesito recargarme después de un día estresante o de experimentar emociones negativas?
4. ¿La gente dice que se siente mejor después de hablar contigo o que tienes una naturaleza 'sanadora?
5. ¿Tiendes a atraer a personas que necesitan sanación, ya sea emocional, mental o física?
6. ¿Es agotador estar rodeado de gente todo el día?
7. ¿Me irritan los olores fuertes, ciertos ruidos o el hablar en exceso?
8. ¿Siento físicamente enojo, tristeza, felicidad, ansiedad y otras emociones que reflejan lo que mis amigos y las personas que me rodean están sintiendo?
9. ¿Alguna vez he comido demasiado para lidiar con el estrés?
10. ¿Tengo miedo de las relaciones íntimas porque me preocupa no tener mi propio espacio?
11. ¿Tengo el hábito de conducir yo mismo si decido salir, para poder irme si me siento abrumado?
12. ¿Evito ver o leer las noticias porque son traumáticas o físicamente perturbadoras?
13. ¿Alguna vez me he sentido ansioso, deprimido u otra emoción fuerte durante días sin razón?
14. ¿Alguna vez he sentido una emoción fuerte y he sabido contactar a alguien cercano? Por ejemplo, la alegría después de que un amigo recibió buenas noticias o dolor después de que alguien tuvo un accidente.
15. ¿Alguna vez mi energía ha cambiado significativamente después de conocer a alguien por primera vez o de sentir la energía de alguien cuando entró en la habitación?
16. ¿Alguna vez he sentido una fuerte oleada de emoción al pasar al lado de un grupo de personas que no conozco, como en el centro comercial?
17. ¿Me siento obligado a ayudar a las personas que tienen dolor?

18. ¿Soy intuitivo sobre las emociones de los demás y lo que realmente significan, incluso cuando sus palabras no coinciden con sus verdaderas intenciones?

Por ahora, debes tener una comprensión de lo que significa ser empático, tanto en general como lo que significa ser empático para ti. A medida que veas dónde afecta a las diferentes áreas de tu vida, estarás viendo áreas que puedes cambiar aprendiendo a controlar tus habilidades empáticas.

Capítulo 2: Entendiendo su naturaleza empática

La habilidad de sentir las emociones de los demás fue clasificada una vez como un tipo de habilidad psíquica, muy parecida a la telequinesia, la adivinación y otros 'poderes' no explicados por la comunidad científica. Sin embargo, en las últimas décadas, los científicos han desarrollado una comprensión más profunda del cerebro y de su funcionamiento. Con esta investigación llegó la comprensión de las áreas clave del cerebro que son más sensibles en los empáticos. Al entender cómo funciona tu mente, puedes llegar a una mayor comprensión de tu naturaleza inherente como empático.

El sistema neuronas espejo

Aunque tener empatía por una persona o su situación no es lo mismo que vivir como un empático, afectan la misma área del cerebro: el sistema de neuronas espejo. El sistema de neuronas espejo controla la compasión de una persona. Está formado por un grupo de células que reflejan (o proyectan) las emociones de las personas tal como las percibe el cerebro. En personas empáticas o altamente sensibles, el sistema de la neurona espejo es más sensible. En lugar de crear empatía o simpatía por esa persona, el cerebro de un empático le hace sentir la emoción. Esto significa que en lugar de sentir tristeza por una compañera de trabajo que perdió a su esposo, tú sientes su dolor como si hubieras perdido a tu propio esposo.

El sistema de la neurona espejo funciona interpretando subconscientemente las señales de las emociones de alguien. Esto sucede en una fracción de segundo y a menudo no te das cuenta de que estás recibiendo esta información. Una vez que el sistema de neuronas espejo percibe una cierta emoción, la refleja y la comunica al resto del cerebro. Esta fuerte percepción y respuesta del sistema de neuronas espejo hace que experimentes esa emoción.

Con la persona promedio, el sistema de neuronas espejo simplemente refleja la emoción lo suficiente como para crear empatía o comprensión. Cosas como el contagio de multitud (cuando alguien se emociona porque ve a otros asistentes en un concierto saltando) y la simpatía (una madre que se siente triste cuando su hijo está sufriendo) son la respuesta típica desencadenada por el sistema de neuronas espejo. Los empáticos sienten estas emociones en un mayor nivel, ya sea que las emociones sean positivas o negativas. Esta falta de control en las situaciones cotidianas es una de las razones por las que los nuevos empáticos sienten que sus habilidades son más una maldición que una bendición. Sin embargo, las estrategias proporcionadas más adelante en este libro te ayudarán a aprender a protegerte de las emociones de los demás, a limpiarte de las energías negativas y a enraizarte en el control de las situaciones sociales.

Otras causas de naturaleza empática

Síntesis de toque de espejos

La síntesis de toque de espejo implica un error en la forma en que el cerebro procesa la información. La información se introduce de una manera, pero la salida resultante es de otra forma. Por ejemplo, la sinestesia es una forma de síntesis de toque de espejo donde el cerebro empareja dos sentidos. Por ejemplo, puedes ver los colores mientras escuchas música o prueba palabras al hablarlas o escucharlas. Hay varias figuras conocidas que tienen sinestesia, incluyendo al astrónomo, matemático y filósofo Sir Isaac Newton, la sensación musical Billy Joel, y el violinista de concierto Itzhak Perlman.

Los empáticos pueden experimentar la síntesis del toque de espejo en la forma en que absorben las emociones, particularmente cuando no están conscientes de lo que está sucediendo. Si alguien está enojado, los empáticos pueden sentirse molestos o enojados con otros o irritados sin una causa. Para superar esto, puede ser útil aprender a ser consciente de tus propias emociones.

Contagio emocional

El contagio emocional ocurre a las personas en grupos, sean o no empáticos. El contagio emocional describe las turbas, la mentalidad de multitudes y otros fenómenos que involucran a las personas 'capturando' las emociones de las personas que las rodean. Por ejemplo, imagina que un molesto grupo de personas con ideas afines se reúnen en un mitin. Comparten una aversión común por lo que sea que los esté enojando. Este vínculo los hace iguales a los demás miembros del grupo, así que cuando una persona comienza a ser violenta, la ven como una oportunidad para serlo. El contagio emocional también se puede observar en los bebés. Los bebés a menudo lloran cuando otros bebés lloran. Además, no es raro ver a los recién nacidos tratar de imitar las expresiones faciales de las personas que los rodean.

Imitación

La imitación también afecta a la persona promedio y no sólo a los empáticos. Implica que alguien refleje las acciones o movimientos de otro, ya sea intencional o inconscientemente. Las personas que hacen ventas directas son a menudo hábiles en técnicas de mímica, lo cual ha demostrado aumentar su capacidad para persuadir a alguien. Las personas en ventas a menudo imitan el lenguaje corporal y los movimientos de los clientes potenciales de una manera sutil, compartiendo el mismo tono y actitud a lo largo de la conversación. Esta mímica sutil muestra a la persona con la que están hablando que son parecidos. Como la gente típicamente se 'quiere' a sí misma, también les gusta la gente que es similar a ellos. Sorprendentemente, la mayoría de los vendedores son tan aptos para esta habilidad que la persona no se da cuenta de que está siendo engañada con el arte de la mímica. Sus movimientos son detectados por la mente subconsciente, más que por la mente consciente que podría detectar este tipo de engaño. Aparentemente más simpáticos y afines, están en mejores condiciones de persuadir al posible comprador para que compre lo que sea que esté vendiendo.

Mimetismo en las relaciones

Compartir emociones similares con alguien crea una semejanza que te atrae hacia ellos. Como los empáticos comparten emociones con tantas personas a su alrededor, es importante que estos empáticos interactúen con personas que tienen un efecto positivo en sus vidas. Un artículo del New York Times reconoció este fenómeno, sacando las conclusiones de que es fundamental para la salud de las relaciones que aprendamos a sincronizar nuestros estados de ánimo, de modo que en general se alineen con los estados de ánimo de las personas que nos rodean.

Imagina que tu amiga está pasando por una mala ruptura y está molesta. Sería inapropiado y descortés ser feliz mientras te cuenta su historia. Más bien, debes imitar sus emociones, escucharla, y luego proyectar una energía más tranquila y feliz. De lo contrario, tu amiga puede pensar que eres desconsiderada.

A pesar de que habrá momentos en los que incluso las personas más positivas se encuentran desafiadas en la vida, debes elegir estar cerca de las personas que son generalmente positivas. Aprender a centrarte y saber cuándo alejarte y volver a centrarte también son herramientas importantes, ya que te ayudarán a experimentar las emociones de las personas que te rodean como tú elijas, en lugar de hacerlo de forma involuntaria.

Hipersensibilidad eléctrica

La hipersensibilidad eléctrica (EHS) describe una condición en la que un individuo tiene varios síntomas no específicos que ocurren al entrar en un campo de altas frecuencias electromagnéticas. Los síntomas más comunes de EHS son síntomas vegetativos que son similares a los que experimentan los empáticos, como fatiga, palpitaciones cardíacas, dificultad para concentrarse y cansancio, así como trastornos digestivos, náuseas, mareos y síntomas dermatológicos que incluyen sensaciones de ardor, hormigueo y enrojecimiento.

La hipersensibilidad eléctrica puede hacer que los empáticos sean sensibles a ciertos campos electromagnéticos que vibran a cierta frecuencia. Un campo electromagnético describe la frecuencia de las ondas electromagnéticas que se encuentran alrededor de los objetos cargados eléctricamente. El rango de la frecuencia depende de su fuerza y afecta a cualquier objeto dentro de su rango. Las cargas electromagnéticas provienen de la superposición de un campo eléctrico de un objeto estacionario y de las cargas de corriente o en movimiento que componen el elemento magnético.

Además de ser sensible a ciertas frecuencias electromagnéticas, los empáticos pueden ser sensibles a las frecuencias electromagnéticas proyectadas por los corazones de otros. Las investigaciones realizadas por el HeartMath Institute estudiaron las frecuencias electromagnéticas que se proyectan desde el corazón, que son aproximadamente 60 veces más fuertes que las ondas electromagnéticas emitidas por el cerebro. Estos son patrones rítmicos que pueden sincronizar el mundo que nos rodea. Los empáticos pueden ser sensibles a los ritmos y frecuencias de los demás, lo que explica la forma en que sienten intensamente las emociones. El estudio del Instituto HeartMath probó estas frecuencias usando un manómetro del Dispositivo de Interferencia Cuántica Superconductor (SQUID), concluyendo que las frecuencias del corazón pueden ser más fuertes porque no tienen que pasar a través de tantas capas de tejido antes de ser emitidas al mundo exterior.

Las ondas electromagnéticas emiten una frecuencia que puede afectar a todas las células del cuerpo humano, cambiando la presión del sonido, la presión arterial y ajustando el campo electromagnético de alguien. En cierto modo, esto explica cómo los empáticos perciben las frecuencias cambiantes de sus seres queridos cuando están tan lejos -simplemente saben que algo anda mal. Su sensibilidad a la frecuencia de la otra persona hace que el empático sea receptivo a las señales que envía, incluso a través de largas distancias. Esto funciona como un transmisor: envía ondas magnéticas que viajan a través de cualquier cosa, incluso de objetos sólidos. A medida que los humanos emiten constante e involuntariamente estas frecuencias, los empáticos se sensibilizan con todos los que los rodean. Los empáticos también pueden experimentar cambios en la frecuencia de los campos electromagnéticos del sol, la luna y la tierra, así como cambios que ocurren al hacer algo como ver la televisión o escuchar música. Para crear una frecuencia positiva, los empáticos deben buscar campos de energía positivos y estimulación.

Identificarse y aceptarse a sí mismo como empático

Antes de que puedas realmente aceptar tus habilidades como empático y verlas como lo que son, tienes que aceptar todo lo que has experimentado como empático hasta ahora. Ser empático viene con una considerable parte de trauma emocional, particularmente para las personas que no se dan cuenta que son una persona altamente sensible porque no tienen el apoyo que necesitan para entender sus emociones, las emociones de los demás, y cómo manejarlas. A pesar de que pueden hacer un esfuerzo para no ser tan afectados, es casi imposible levantarse de la cama una mañana y simplemente decidir ser 'más duros'. Puede ser fácil comprometerse con esta dureza mientras estás en tu casa, pero una vez que estás fuera en el mundo real, es difícil una vez que las emociones y los pensamientos de los demás comienzan a bombardearte. Incluso si tratas de usar medicamentos recetados o automedicarte con marihuana, alcohol u otra droga como lo hacen los empáticos antes de que se den cuenta de por qué son tan sensibles al mundo, esto sólo crea más problemas en la vida.

Parte de aceptar tu existencia como empático es entender el trauma emocional que viene con él, incluyendo el trauma emocional que ya has experimentado. Al aceptar esto, empiezas a aceptarte a ti mismo y a tus emociones como parte de tu historia y existencia. Esta es una etapa necesaria para fomentar el tipo de sanación que los empáticos a menudo necesitan para aliviar el trauma emocional de su pasado. Las oleadas de emociones pueden hacer que los empáticos actúen y peleen con las personas que los rodean o se escondan donde no pueden sentir las emociones de los demás. Los empáticos a menudo se sienten como si estuvieran enloqueciendo, ya que los acontecimientos cotidianos como una pelea con una pareja romántica o con sus hermanos, las calificaciones reprobadas en la escuela, la muerte de un ser querido, las desilusiones y los reveses, las malas presentaciones en el trabajo, los problemas de dinero y un sinnúmero de otros acontecimientos hacen que se sientan abrumados por sus emociones. Junto con estas emociones que resultan de sus propias vidas, los empáticos también experimentan la oleada de emociones a medida que otras personas pasan por estas pruebas emocionales. Esta superposición hace que sea difícil entender lo que estás sintiendo. Por ejemplo, un empático puede estar perfectamente contento en su propia relación cuando sale de casa para visitar a su mejor amigo. Sin embargo, después de presenciar a su amigo pelearse con su pareja, es posible que regresen y se sienta inseguro acerca de su propia relación.

El problema tampoco es esta experiencia ocasional. Los empáticos experimentan las emociones de las personas en su vecindad inmediata, así como las emociones de amigos, familiares y otros seres queridos a los que están emocionalmente cercanos. Cuando están rodeados de gente, los empáticos experimentan cualquier señal que está siendo transmitida en la frecuencia más poderosa. No es raro que sientan una tristeza intensa cuando caminan junto a un compañero de trabajo que enterró a su perro el día anterior y luego una intensa sensación de alegría cuando otro compañero de trabajo se entera de que ganó un gran ascenso y aumento. No es raro que esta mezcla de emociones cause caos. Este caos y las connotaciones negativas que muchas personas asocian con la experiencia empática hacen que sea difícil encontrar una guía. Los empáticos a menudo son diagnosticados con una enfermedad mental, y algunas personas incluso creen que su capacidad para sentir las emociones de los demás es una enfermedad mental en sí misma. La depresión, la ansiedad y la paranoia se encuentran entre las enfermedades mentales más comunes que experimentan los empáticos, mientras que otras son diagnosticadas (o mal diagnosticadas) con enfermedades más graves como la bipolaridad y la esquizofrenia porque experimentan cambios de humor frecuentes después de atraer tantas emociones de la gente que las rodea.

Si tienes problemas con una enfermedad mental diagnosticada, tomas medicamentos con receta u otras formas de medicación, o simplemente luchas con la experiencia empática, el primer paso hacia la recuperación es aceptarse a sí mismo por lo que eres. En lugar de adormecer tu experiencia empática o tratar de bloquearla, acepta cómo has manejado tus luchas empáticas en el pasado y haz el compromiso de mejorar esa experiencia en el futuro. A través de la búsqueda activa del bienestar y siguiendo las estrategias de los capítulos siguientes, puedes mejorar tu experiencia. Primero, sin embargo, debes darte cuenta del gran impacto que tiene el ser empático en tu vida, incluyendo tu experiencia pasada y presente. Algunas de estas estrategias van a ser difíciles de usar al principio. Como con cualquier otra habilidad, van a necesitar tiempo para desarrollarse. Recuerda que el camino hacia el bienestar es un viaje y comprométete todos los días a practicar las destrezas básicas, a darte el tiempo que necesitas para estar solo y a comprender tus propias necesidades. Al hacer esto, encontrarás que prosperas en el hogar, en el lugar de trabajo y en las relaciones.

Tómate un momento para considerar todo lo que ha sucedido en tu vida. Considere la manera en que el ser empático puede haber influido en estos eventos y el papel que tu naturaleza única ha jugado en tu vida. Haz un balance de los daños y los éxitos. Ahora, debes saber que puedes cambiar el resultado de estas circunstancias. Puedes cambiar la forma en que interactúas con los demás y lo productivo que eres en el trabajo, simplemente comprometiéndote a entenderte a ti mismo y a desarrollar tus habilidades empáticas en lugar de tratar de encubrirlas.

Capítulo 3: Bloqueando Pensamientos y Emociones No Deseadas

Una parte importante de la experiencia empática es sentir los pensamientos y emociones de los demás. El problema es que muchas personas en el mundo están experimentando emociones negativas y dificultades en cualquier momento dado. Cuando eres muy sensible a tu entorno, puede ser difícil mantener una mentalidad positiva. Aquí es donde surgen sentimientos como la ansiedad, la depresión y la fatiga.

La clave para vivir como un empático es aprender más acerca de tu habilidad única y el costo que puede tener en tu cuerpo. Con la mentalidad correcta, y siguiendo los consejos de este capítulo, puedes superar algunos de los problemas comunes que los empáticos enfrentan debido a su sensibilidad al mundo que los rodea.

Saber identificar y evitar a los vampiros de la energía

Una de las personas negativas asociadas con los empáticos son los vampiros de la energía. Los vampiros de la energía son individuos que prosperan por su habilidad de tomar o 'robar' energía de otros, usualmente alimentándose de ella y dejando la sensación de empatía agotada. Por lo general, te sientes exhausto después de que te encuentras con este tipo de personas y se siente como si te quitaran algo mental, emocional y/o físicamente. Pueden hacerlo compartiendo una historia perturbadora o simplemente estando en tu presencia.

Identificando a los vampiros de la energía

No es raro que los empáticos se sientan atraídos por los vampiros de la energía; incluso pueden terminar en relaciones con ellos más fácilmente de lo que lo harían otras personas. Esto sucede porque los vampiros de energía son típicamente egocéntricos y están inmersos en su propia existencia. No les importa lo que está pasando en el mundo. Los empáticos pueden sentirse atraídos hacia ellos porque se dan cuenta de su propio interés en sí mismos, confundiéndolo con un interés que comparten.

Los vampiros de la energía también son personas que son regularmente negativas. Pueden buscar atención a través del pesimismo o creer que el mundo les debe más de lo que reciben. Los vampiros de la energía tienden a priorizarse, por lo que a menudo se quejan de por qué la vida no es justa. También es común que los vampiros de la energía finjan sus emociones, incluyendo la tristeza y la depresión. Ten en cuenta que esto no significa que cada persona que está teniendo un mal día o compartiendo una historia perturbadora es un vampiro de la energía. Los vampiros de la energía son las personas que lo hacen intencionalmente como una forma de hacer que te interese su vida.

Otra razón por la que los empáticos pueden sentirse atraídos por los vampiros de la energía (como la mayoría de las personas) es por su naturaleza encantadora. Los vampiros de la energía pueden parecer encantadores cuando quieren serlo, sin embargo, esto puede ser un engaño o una manipulación disfrazada. Son capaces de captar las sensibilidades de otras personas y las utilizan para aferrarse a ellas y acercarlas. Los vampiros de la energía también suelen ser demasiado dramáticos. Buscan atención, así que incluso el más mínimo percance puede dejarlos quejándose durante horas. Puedes escuchar sobre algo tan trivial como derramar leche sobre el mostrador o quemar un queso asado durante horas y horas.

Recuperando tu energía

Cuando sientes como si alguien te hubiera quitado tu energía, es útil visualizarte a ti mismo recuperándola. Una técnica que puedes usar es visualizar una bola de luz blanca que representa la energía que has puesto en esa persona. Imagina esa bola blanca saliendo de ellos y volviendo al centro de tu ser. También puedes visualizar un cordón entre tú y esa persona, especialmente si te has conectado a ellos escuchando sus problemas. Usa una espada brillante o un par de tijeras para cortar este cordón, cortando la conexión y permitiéndote conectarte a tu estado original.

Entérate cuándo eres más vulnerable

Antes de aprender a bloquear las emociones no deseadas, es posible que te sientas vulnerable a cada hora del día. Esto es especialmente cierto si estás en una relación, duerme al lado de alguien por la noche, o trabaja en un campo donde te encuentras con muchas personas a diario. Esta incomodidad con tu propia vida puede hacer que quieras evitar situaciones sociales y limitarte lo más posible. Sin embargo, a medida que aprendes a bloquear aquellas cosas que no quieres experimentar, no te sentirás tan vulnerable todo el tiempo.

Aunque dominar el blindaje es una herramienta útil, puede desconectarte del mundo que te rodea. Esta desconexión puede llegar a ser monótona y agotadora. Aunque parezcas abrumado en cualquier situación en la que no te estés protegiendo constantemente del mundo que te rodea, si prestas mucha atención, te darás cuenta de que hay veces en las que te sientes más sensible que otras. La sensibilidad puede ser causada por un sinnúmero de cosas. Consumir una dieta con una nutrición deficiente, no dormir lo suficiente o algo parecido, como sentirse inadecuado en el trabajo o experimentar ansiedad durante una prueba, puede causar un aumento de la sensibilidad a las emociones que te rodean. También puede ser causada por estar cerca de una cantidad abrumadora de personas.

La clave para permanecer positivo es encontrar el equilibrio entre los momentos en los que quieres experimentar tu entorno y los momentos en los que debes bloquear las emociones de los demás. Por ejemplo, puedes querer experimentar la alegría abrumadora que llena la habitación si estás junto a la cama de un miembro de la familia cuando da a luz. Hay momentos en los que estar involucrado emocionalmente en una experiencia puede ser una experiencia agradable. En el otro extremo del espectro, hay momentos en que puede parecer imposible poner un escudo al mundo exterior. Encontrar el equilibrio implica saber cuándo eres más vulnerable, para que puedas concentrar tu energía cuando más se necesita.

Tomar conciencia de tus interacciones con las personas, las situaciones y el mundo que te rodea es el primer paso para aprender a identificar los momentos en que eres más vulnerable. Presta atención a los momentos en los que eres más sensible. Si lo deseas, lleva contigo un cuaderno y anota algunas de las experiencias más importantes durante el día, especialmente cuando te sientas vulnerable a las emociones que te rodean. Anota lo que estaba sucediendo en ese momento, las personas con las que estabas interactuando, la hora del día/noche y tu entorno. Luego, asigna un número entre uno y diez, siendo el uno una situación en la que te sientas cómodo y no vulnerable y diez en la que te sientas extremadamente vulnerable en cualquier momento.

Al revisar estos escenarios más tarde, piense en las causas de fondo. ¿Hubo una persona específica presente que te sentiste especialmente sensible a sus emociones? ¿Qué crees que causó esta sensibilidad? ¿Te preocupaba cómo le verían o cómo se siente intimidado? ¿No estás seguro de cómo debes actuar cuando están cerca? Al considerar situaciones, piensa en los factores subyacentes que podrían estar desencadenando tus emociones negativas. ¿No dormiste lo suficiente la noche anterior y estás teniendo dificultades para bloquear? ¿Te siente abrumado por el número de personas que hay cerca? A medida que recojas más información, descubrirás que hay momentos en los que has aumentado tu sensibilidad hacia el mundo que te rodea.

Identificar fuentes negativas de energía

La naturaleza cariñosa de los empáticos promedio hace difícil para ellos identificar fuentes negativas de energía en sus vidas. Es posible que no se den cuenta de que están experimentando energías negativas porque siempre se sienten agotados después de las confrontaciones. Sin embargo, no todos los encuentros en su vida deben ser agotadores. Hay personas que tienen energías positivas y estimulantes.

Ten en cuenta que no todo el mundo será positivo todo el tiempo. Cuando te preocupas por alguien, puede haber momentos en los que se sienta molesto y elijas estar cerca de él. Las personas que debes evitar no experimentan molestias de vez en cuando - cada encuentro con ellos es agotador. Por ejemplo, los empáticos a menudo se sienten exhaustos después de estar rodeados de narcisistas, que suelen ser controladores y demasiado críticos con las personas que les rodean.

Al eliminar a las personas negativas en tu vida, automáticamente invitas a experiencias mejores y más positivas. La manera más fácil de identificar a alguien con una personalidad negativa es pensar en el enfoque de la conversación cuando alguien está cerca. ¿Se toman el tiempo para preguntarse cómo les va o escuchar sus problemas, o la conversación se centra principalmente en sus vidas? ¿Alguna vez te hacen sentir que eres inadecuado, criticando tus acciones o comportamientos? Las personas que actúan de esta manera a menudo tienen malas intenciones y la relación que forman contigo nunca será saludable. Una vez que hayas identificado a alguien como negativo, debes limitar tu exposición a él. Esto no siempre es posible. Por ejemplo, puede haber un miembro de tu familia que no puedes excluir de tu vida sin evitar las reuniones familiares o puedes tener un compañero de trabajo que sea especialmente difícil.

Algo que los empáticos tienen que superar cuando empiezan a eliminar a la gente de sus vidas son las luchas a las que se enfrentan después de 'abandonar' a alguien. Es difícil poner distancia entre uno mismo y los demás cuando uno es empático, porque puedes sentirte culpable o como si uno los estuviera condenando al ostracismo. Ten en cuenta que es posible ser respetuoso sin permitir que esa persona continúe afectando negativamente tu energía. Además, si son vampiros emocionales, narcisistas o generalmente negativos, no pasará mucho tiempo antes de que te reemplacen por otra persona que les permita alimentarse de su energía.

Crea un conjunto de valores para ti mismo

Como los empáticos están fuertemente influenciados por las emociones, puede ser difícil mantenerse fiel a tus valores una vez que alguien reacciona a que te mantengas firme. Por ejemplo, los empáticos típicamente deben tomar tiempo para limpiarse de las malas energías antes de acostarse, para que no tengan que llevar esas energías negativas con ellos toda la noche, interrumpiendo sus patrones de sueño. Imagina por un momento que tienes una rutina que sigues todas las noches antes de acostarte. Sin embargo, recibes una invitación a una cena en ese momento, o un compañero de trabajo te pide que termines su parte de un proyecto. Puede que te sientas obligado a ayudar con estas cosas, pero es importante que te dediques tiempo a ti mismo. Los empáticos pueden no querer rechazar lo que otros les piden, pero a veces es necesario mantener la paz interior.

Para estar sano como un empático, tienes que establecer reglas básicas para lo que estás dispuesto a comprometer y lo que no lo estás. Mantener tu salud mental y emocional debe ser tu máxima prioridad. Hay momentos en los que puedes sacrificar las cosas que necesitas para ayudar a alguien que te importa. Sin embargo, es fundamental que sepas lo que necesita para funcionar en la sociedad cotidiana.

A medida que establezcas los valores, aprende a mantenerlos. No debes sentirte obligado a permanecer en situaciones que no promuevan tu bienestar. En vez de eso, aprende a alejarte. No debería importar quién está involucrado - si algo no promueve tu bienestar, aléjate. Algunos ejemplos de cosas con las que no puedes comprometerse incluyen ir a trabajar cuando estás estresado (pero sin sentirte obligado a tomar trabajo extra cuando alguien más está holgazaneando) o pasar tiempo de calidad con tu familia varias veces a la semana (pero sabiendo que también tienes que comprometer tiempo para ti mismo). Puede ser mejor escribir estas cosas; crear una lista te mantendrá enfocado en vivir una vida que no comprometa tus valores.

Escápate cuando sea necesario

Cuando te sientas abrumado por las energías negativas, antes de que puedas reenfocarte, es posible que necesites escaparte. Será casi imposible enraizarte una vez que estés abrumado si todavía estás rodeado por la situación que te abrumó. Este retiro puede ser tan simple como ir al baño, encontrar una habitación vacía o salir a tomar aire fresco. Entonces, puedes usar un ejercicio para limpiarte de energías negativas, luego enraizarte y refrescar tu escudo.

Invita a la Positividad en tu Vida

Parte de tener una mejor experiencia como empático es aprender a tomar el control invitando a la positividad en tu vida. La ciencia de tener una mentalidad positiva muestra que las personas que son optimistas o tienen una actitud positiva son generalmente más felices. Esto se debe a que fomentan las experiencias positivas y tienden a ver las cosas a la luz de por qué son 'buenas', en lugar de lo que está mal en la situación.

Algo que puedes hacer para mantenerte en una mentalidad positiva es llevar contigo algo que es importante para ti y te trae alegría. Esta podría ser una foto de tu pareja o hijo, un miembro de la familia o una mascota. Piensa en el calor y la alegría que experimentas cuando estás en presencia de esa persona. Al hacer esto, considera algunos de los rasgos que más te gustan de ellos. Encuentra a alguien en tu área inmediata y nota estos rasgos en ellos, ya sea porque son verdaderos rasgos o porque los visualizas. Al examinar tu entorno, toma nota de los positivos y pasa por alto los negativos. Al desear conscientemente tener una experiencia positiva, descubrirás que la forma en que interactúas con el mundo se vuelve mejor.

Otra manera de invitar a la positividad en tu vida es encontrar tiempo para hacer las cosas que amas. No es raro que los empáticos se acostumbren a dejar de lado sus necesidades cuando alguien les llama y les pide hablar o necesitan ayuda para mudarse. Sin embargo, cuando te acostumbras a hacer siempre algo por otra persona, es fácil olvidar que tú también deberías ser una prioridad. Hacer algo que te gusta es tan fácil como sentarte y colorear por una hora, sumergirte en un libro, andar en motocicleta, ir de excursión o hacer cualquier otra cosa que te guste. Si eres culpable de estar 'demasiado ocupado' para encontrar tiempo para ti mismo, escribe por lo menos 20 minutos en los días que trabaja y una hora en los días que no trabaja para hacer algo por ti mismo. Asegúrate de que disfrutas plenamente de la experiencia. No te quedes mirando fijamente a la televisión o al suelo mientras caminas por el bosque, sumérgete completamente en la experiencia y asegúrate de que la estás pasando bien mientras lo hace. Al hacer tiempo para las cosas que te hacen feliz, la positividad y la felicidad se convertirán en prioridades en tu vida. A medida que esto sucede, los beneficios y las experiencias más positivas asociadas con ser un empático caerán en su lugar naturalmente.

Aprende a protegerte de las energías no deseadas

Una buena estrategia cuando se trata de vampiros energéticos o energías no deseadas es practicar el blindaje. El blindaje es una técnica que te permite evitar que las energías negativas de los demás penetren tu escudo, que es una burbuja de energía protectora que pones a tu alrededor. Las mejores técnicas de blindaje son las que se utilizan con la visualización, ya que se puede imaginar un escudo físico alrededor del cuerpo y evitar sentir algo más allá de ese punto.

Es importante notar que antes de que te protejas de las energías negativas, primero debes estar seguro de que la experiencia negativa que estás teniendo no es algún sentimiento que esté colgando a tu alrededor. Si aún no sabe cómo limpiarte, usa una de las estrategias que se proporcionan en el capítulo que sigue. Una vez que estés limpio de las energías negativas que puedan existir dentro del área de tu escudo, usa la siguiente estrategia para ponerte en una burbuja.

Respira profundamente varias veces. Una vez que estés en paz, concéntrate en enraizarte y en sumergirte en tu autoconciencia. Luego, imagina la autoconciencia que crece hasta que comienza una capa que empuja más allá de tu piel. Continúa proyectando esta capa hacia afuera como si fuera una burbuja, enfocándote en tu autoconciencia y tu presencia dentro de esta burbuja limpia. Esta aura te protegerá de las emociones de los demás a lo largo del día.

Capítulo 4: Cómo limpiarse de las energías no deseadas

Incluso una vez que los empáticos aprendan a protegerse de las energías negativas, todavía habrá algunas situaciones que serán abrumadoras. Esto puede suceder después de no haber dormido lo suficiente antes del trabajo o de estar obligado a estar cerca de un grupo grande de personas. Las experiencias negativas seguirán ocurriendo. Sin embargo, puedes dejar de sentirte mal aprendiendo a limpiarte de estas energías negativas. Las estrategias en este capítulo te enseñarán cómo evitar que la negatividad nuble tus pensamientos, sentimientos y emociones. Generalmente, debes usar un ejercicio de enraizado (discutido en el siguiente capítulo) para ayudarte a encontrar tu centro de equilibrio después de haber neutralizado las energías negativas.

Por qué necesita limpiarte de las energías negativas

Como empático, las cosas con las que entras en contacto a través del día pueden aferrarse y mantenerse firmes, haciendo que sea difícil sacudir las energías negativas. Incluso si tuviste una interacción desagradable con tu compañero de trabajo en la mañana, por ejemplo, puede estar contigo todo el día. Si no te limpias antes de acostarte, puede continuar aferrándose a ti hasta ir al trabajo a la mañana siguiente. A medida que reúnas más energías negativas a lo largo del día, te encontrarás cada vez más abrumados y más sensibles al mundo que te rodea. Esto puede causar sentimientos de tristeza, ansiedad, enojo y otros sentimientos desagradables que parece no puedes sacudírtelos.

La limpieza es para esos momentos en los que necesitas limpiarte de energías negativas y restaurar el equilibrio de tu cuerpo. Algunas estrategias, como las centradas en la visualización, pueden utilizarse en cualquier lugar. Otros pueden necesitar algunas herramientas. Para obtener consejos adicionales sobre cómo limpiar tu área de energías negativas, consulta el capítulo sobre cristales y aceites esenciales más adelante en el libro.

Estrategia #1: Visualizaciones para Eliminar Energías No Deseadas

El mayor beneficio de las técnicas de visualización es que pueden realizarse casi en cualquier lugar. Siempre y cuando puedas encontrar un área tranquila donde puedas enfocarte, la visualización se puede hacer sin ninguna otra herramienta que no sea tu mente. Aquí hay algunas estrategias que puede usar:

- Respira profundamente varias veces, con la intención de tranquilizar tu mente. Una vez que estés relajado, imagina una nube gris o una nube oscura que se eleva de tu cuerpo. A medida que esta niebla continúa elevándose, sientes que la negatividad se eleva. Las nubes se levantarán y se despejará. A medida que se aclare, tu mente te seguirá.
- Respira profundamente mientras imaginas todas las energías negativas reunidas en burbujas. Visualiza burbujas flotando desde tu boca y fosas nasales mientras exhalas, siendo liberadas en el aire y alejándose flotando. Debes sentirte más ligero después de este ejercicio, ya que tu mente ya no está cargada de experiencias negativas.

Estrategia #2: Eliminando las Energías Negativas

Cuando has tenido un día particularmente largo o te has encontrado con alguien que emite emociones negativas, es posible que no siempre seas capaz de bloquear eficazmente las energías de los demás. Esta técnica de visualización es útil para liberar aquellas energías que tienden a quedarse después de haberte desgastado.

Esta técnica se puede utilizar de dos maneras diferentes. Lo más conveniente es lavarse las manos con agua corriente, haciendo un esfuerzo por visualizar las energías negativas que fluyen del corazón y la mente, bajando por los brazos y las muñecas, y finalmente lavándote las manos. Visualiza que todos estos sentimientos negativos se están yendo por el desagüe y continúa lavándote hasta que te sientas más ligero, como si el peso físico de las energías se hubiera levantado y las emociones que están experimentando ya no se sostuvieran.

El segundo método funciona mejor justo antes de acostarse o después de un día particularmente largo. Al igual que con el lavado de tus manos, vas a visualizar las energías que están siendo traídas a la superficie de su piel y que están siendo lavadas fuera de tu cuerpo. Estas energías van a correr con el agua por el desagüe, liberándote de cualquier emoción negativa o tóxica que pueda persistir. Cuando salgas de la ducha, te sentirás considerablemente más ligero y más centrado en ti mismo. Al enjuagar las energías residuales, te estás enraizando en tus propias emociones. Aunque esta técnica se puede utilizar en cualquier momento en que puedas ducharte, funciona especialmente bien antes de acostarse. Como no te aventurará a salir antes de la ducha, es perfecto para darse una noche completa de descanso. Verás que te despiertas fresco y listo para afrontar el día.

Estrategia #3: Uso de Salvia

Una de las técnicas de limpieza más poderosas ha sido transmitida a través de la cultura nativa americana durante siglos. El purificado implica el uso de salvia para limpiar áreas de energía. Para realizar una ceremonia de purificado, las hojas de salvia secas se atan juntas lo suficientemente apretadas como para que queden bien atadas. Luego, se quema la salvia. Se cree que esto funciona debido a la poderosa energía de la salvia, que impregna el aire de la habitación. A medida que purifica, es importante que declares tu intención. Por ejemplo, puedes purificar el aire que respiras y decir que estás tratando de limpiar el aire y a ti mismo de energías negativas.

Otra forma de usar la salvia es en el baño. A medida que los aceites y el agua caliente penetran la piel, ésta absorbe y ofrece una experiencia de limpieza profunda. Generalmente, 5-10 gotas de aceite de salvia son suficientes. Si lo deseas, puede añadir más aceites de tierra o de limpieza a la bañera para aumentar los efectos. Mientras que puedes tomar un baño de salvia en cualquier momento, es especialmente beneficioso en la noche cuando puedes permanecer limpio mientras duermes. Esto te dará una noche de sueño profundo y rejuvenecedor.

Estrategia #4: Acupuntura

La acupuntura es una estrategia comúnmente utilizada en las prácticas de la Medicina Tradicional China. La medicina tradicional china se centra en el cuerpo como un todo, por lo que la acupuntura se utiliza comúnmente para promover el bienestar de todo el cuerpo. La acupuntura se usa típicamente para alinear el flujo de energía a través de tu cuerpo. A medida que tus energías están enfocadas, cualquier cosa a la que te aferres o emociones que hayas reprimido serán liberadas. También sentirás el retorno de nuevas energías positivas que fluyen a través de ti.

Algunas personas se ponen nerviosas cuando prueban la acupuntura por primera vez, ya que la práctica implica el uso de agujas largas y delgadas que se insertan en puntos clave del cuerpo. La acupuntura generalmente no es dolorosa, ya que las agujas son muy delgadas, y un acupunturista con licencia sabe dónde insertar las agujas, por lo que no duelen. Si eliges este método para aliviar la tensión y ayudar a equilibrar el flujo de energía a través de tu cuerpo, asegúrate de elegir un acupunturista con licencia para practicar. También debes elegir una instalación que esterilice adecuadamente el equipo entre sesiones.

Estrategia #5: Equilibrio de los chakras

Aunque el chakra de la raíz y el chakra de la garganta son considerados los más importantes para los empáticos, el equilibrio de los chakras de todo el cuerpo puede ayudarte a limpiarte de energías no deseadas. Cuando realineas tus chakras, se fomenta el equilibrio. A medida que todas las energías que no te pertenecen fluyen de tu cuerpo y tus chakras se alinean, te ayuda a encontrar tu ser interior.

Hay varias maneras de equilibrar los chakras. Una de las prácticas es el Reiki, que se practica comúnmente bajo la supervisión de un profesional hasta que se adquieren las habilidades necesarias para ello. También puedes equilibrar tus chakras a través de la práctica meditativa. Puedes trabajar con un entrenador, asistir a una clase de yoga o meditación que se centra específicamente en ayudarte a lograr el equilibrio de tus chakras, o buscar videos o guiones de meditación guiada en línea.

Capítulo 5: Ejercicios para protegerte en entornos sociales y ayudarte a conectarte con tus propias emociones

Una de las mayores luchas de un empático es salir en público, ya sea a su lugar de trabajo, a sus reuniones sociales o incluso a la tienda de comestibles. Las estrategias de conexión a tierra describen técnicas que puedes utilizar para conectar a tierra o centrarte tú mismo. Esta concentración tiene la intención de atraer tu atención hacia adentro, dándote la oportunidad de evaluar cómo te sientes y de separarte de las personas que te rodean. A medida que vayas afinando tus habilidades de conexión a tierra, te encontrarás con más energía en los entornos sociales que antes. Además, te encontrarás mejor preparado para protegerte de la energía que proyectan las personas que te rodean, dándote un mayor control sobre tus emociones y la forma en que experimentas la vida.

Además de aumentar tu control, aprender estrategias de conexión a tierra te ayudará a encontrar un sentido de equilibrio en tu vida. Lograr el equilibrio como empático consiste en aprender cuándo enraizarte y cuándo dejarte emocionalmente sensible. Por ejemplo, es posible que quieras enraizarte cuando hables con un compañero de trabajo que siempre chismorrea y dice cosas negativas sobre alguien, pero es posible que quieras estar en sintonía con tus emociones cuando hables con un amigo que está pasando por un momento difícil en su vida.

A medida que encuentres el equilibrio, también tendrás más confianza para conseguir las cosas que necesitas en la vida. Se abrirán canales de comunicación y podrás expresar tus propias emociones, sin que las emociones de los demás se interpongan en el camino. También encontrarás que no estás tan agotado emocionalmente al final del día promedio. Ten en cuenta al leer el siguiente capítulo que puede parecer antinatural conectarse a tierra al principio. La mayoría de los empáticos han pasado toda su vida experimentando las emociones de los demás y sin esa influencia externa, no se sienten 'normales' como ellos mismos. Una vez que esta incomodidad inicial o la falta de naturalidad pase, comenzarás a experimentar los beneficios de conectarte a tierra.

Estrategia #1: Arraigarse a sí mismo

La visualización es una de las herramientas más beneficiosas para las personas que están aprendiendo a controlar su naturaleza empática, ya que le da algo sólido en lo que concentrarse. Para algunas personas, es más fácil que la mediación y otras técnicas que dependen de su habilidad para concentrarse en la nada. Para practicar esta estrategia, te vas a visualizar como un árbol. Tu cuerpo forma el tronco y tu cabeza y brazos las ramas. Puedes ponerlas sobre tu cabeza si hacen la visualización más fácil. Desde tus pies, vas a visualizar las raíces creciendo y sujetándote firmemente a la tierra. Estas raíces representan el núcleo de tu ser. Cuando te reflejas como un árbol, te encuentras enraizado donde te encuentras y con tus propias emociones, en lugar de dejarte llevar por los pensamientos y emociones de los demás.

Puedes visualizarte a ti mismo como un árbol dondequiera que estés. Las raíces no son permanentes, son flexibles y te seguirán a medida que mueves los pies, manteniendo el núcleo de tu ser enraizado sin importar a dónde vayas. Esto te deja profundamente arraigado dentro de ti mismo, apegado a tus propios sentimientos y emociones.

Estrategia #2: Comer conscientemente

Comer conscientemente es algo que puedes hacer a la hora de comer (así que no tienes que evitar las citas agradables en los restaurantes o en la cafetería durante el almuerzo), así como una herramienta que puedes usar cuando te sientas abrumado. Los mejores alimentos para comer con cuidado son aquellos que tienen textura o variedad. Por ejemplo, puedes llevar una mezcla de frutos secos o empacar un sándwich o un plato de pasta que tenga varios ingredientes.

Para comer conscientemente, es necesario tomar pequeños bocados. Recuerda que no estás comiendo por compulsión o con la intención de llenarte, sino para darte un lugar donde concentrar tu atención. Mastica tu comida lentamente, dándote tiempo para que se mueva en tu boca e interactúe con diferentes papilas gustativas. Presta atención a las texturas y sabores que vienen juntos con cada bocado. Una pasa de uva va a ser dulce y pegajosa, mientras que una almendra tiene un sabor ligeramente dulce y crujiente por fuera.

Esta técnica de conexión a tierra puede ser útil en muchas situaciones, ya que es fácil llevar un pequeño puñado de mezcla de frutos secos o algunos chicles en el bolsillo. También es útil cuando estás almorzando con alguien o en una cita, ya que no te distraerá el nerviosismo de la otra persona o el enojo de la mujer de la mesa de al lado cuando sorprenda a su marido echándole una ojeada a la camarera.

Estrategia #3: Reflexión profunda

Una de las razones por las que los empáticos se sienten desconectados de su propia experiencia es porque no se toman el tiempo para reflexionar profundamente sobre sus propias emociones. Es fácil querer desentenderse de todo después de un largo día, incluso de uno mismo. Es fácil descuidar tus propias emociones, especialmente cuando has pasado el día siéndote bombardeado con las de los demás. La reflexión te ayuda a manejar tus propios problemas, dándote la oportunidad de cuestionar las circunstancias de tu vida y cómo te sientes al respecto. Esto es crítico para el éxito en la vida, especialmente en situaciones en las que puedes necesitar hacer cambios o tomar una decisión. La reflexión es tan simple como encontrar un espacio tranquilo en tu casa o ir a algún lugar donde puedas estar solo en la naturaleza y hacerte algunas preguntas.

Puede ser útil meditar por unos momentos antes de este ejercicio o usar una de las otras técnicas de conexión a tierra en este capítulo para ayudarte a conectarte con tu propio flujo de energía. Una vez que te sientas en sintonía contigo mismo, haz preguntas como:

- ¿Qué está pasando en mi vida en este momento?

- ¿Pasa algo que pueda provocar sentimientos negativos?
- ¿Qué emociones específicas estoy experimentando al pensar en mi vida?
- ¿Las emociones negativas que estoy experimentando son mías o pertenecen a otra persona o grupo de personas?
- ¿Cuándo fue la última vez que estuve cerca de personas en las que me sentí negativamente?
- ¿Las emociones que siento son positivas? ¿Sirven a mi propósito?
- ¿Qué emociones debo tener? ¿Cuál de estos debo liberar?

Una vez que entiendas cuáles son tus propias emociones y cuáles debes liberar, usa una de las técnicas en el capítulo anterior para limpiarte de las energías que ya no quieres experimentar.

Estrategia #4: Disfruta de las Conexiones Físicas con la Tierra

Cuando tocas hierba, arena, tierra, concreto, agua y otros elementos de la tierra, estás fomentando una conexión más profunda con la tierra. Esta conexión física crea un vínculo tanto físico como mental, haciendo que sea más fácil regresar a este estado y enraizarte cuando lo necesites. Conectarse a la tierra también puede beneficiar tu salud. Tocarla con los pies descalzos, las manos o el cuerpo te permite absorber electrones de la tierra. Estos electrones funcionan como antioxidantes para combatir los radicales libres en el cuerpo. Los radicales libres suelen atacar a las células sanas, como en los casos de enfermedades autoinmunes y cáncer, por ejemplo. Esto ayuda a mantener tu salud.

Usando la naturaleza para conectarte con tu verdadero yo

Además de tocar físicamente la tierra, visitar diferentes lugares de la naturaleza puede ser muy sanador. Si el tiempo lo permite, quítate los zapatos y camina a lo largo de la orilla del lago, sobre un claro suave y musgoso en el bosque, o a través de una colina cubierta de hierba y llena de flores en tu parque canino local. Haz un esfuerzo para limpiar tu mente y sentir la energía de la tierra fluir a través de ti. Utiliza la visualización de árbol mencionada anteriormente en este capítulo para profundizar esta conexión si tienes problemas. Una vez que sientas las vibraciones de esa conexión, reflexiona sobre cómo te hace sentir por dentro. Si estás pasando por algo en la vida, reflexiona sobre esa situación y sobre cómo te puede hacer sentir. Acepta conscientemente las emociones que te pertenecen y libera las que no te pertenecen. Si estás solo, no dudes en hablarte en voz alta y analizar tu proceso de pensamiento. Esto te ayudará a conectarte con tu verdadero yo.

Una vez que hayas creado esta conexión, siente que todas las energías negativas y esos pensamientos que no sirven a tu verdadero ser viajan a través de tus pies y hacia la tierra. A medida que estos se dispersan, imagina que hay una energía verde fluyendo a través de la tierra y hacia adentro a través de tus pies. Esta energía es renovadora y positiva, llenándote con una energía sanadora y vibratoria.

Capítulo 6: Meditación para empáticos

La meditación es beneficiosa para la persona promedio. Es un tiempo reservado en el que la mente puede estar calmada y tranquila, algo que es muy diferente al ajetreo que la mayoría de la gente experimenta durante el día. La meditación tiene una gran cantidad de beneficios para tu salud mental y física. A medida que la calma se apodera de ti, te encontrarás sintiéndote refrescado. Esto puede recargar tus energías mentales cuando estás teniendo problemas para protegerte del mundo exterior y te deja una pizarra en blanco lista para tomar energías más nuevas y positivas.

Cómo meditar

Hay muchas formas de meditación, cada una de ellas con un objetivo o enfoque específico. Cada una de ellas es una práctica que entrena la mente de alguna manera, generalmente enfocándose en crear un estado de calma o inducir un sentimiento específico. Esta sección proporcionará una visión general básica de la meditación. Más adelante en el capítulo, encontrarás un guion que puedes usar para la meditación guiada, que se explicará en la siguiente sección.

Paso 1: Ponte cómodo

Estar cómodo es una parte importante de la meditación, ya que no puedes concentrarte en aclarar tu mente si tu postura está dañando tu columna vertebral o si tu ropa te da comezón. Asegúrate de usar ropa cómoda y busca un lugar para sentarte o recostarte. Puedes sentarte en el suelo con las piernas cruzadas, en una silla con las piernas colgando hacia abajo o acostarte completamente. Siéntate con la espalda alta si está sentado, pero no seas rígido. También debes asegurarte de elegir el ambiente adecuado para la meditación, ya que no tendrás éxito en una habitación ruidosa. Elige un lugar tranquilo y sin distracciones.

Paso 2: Cierra los ojos

Una vez que estés listo, cierra los ojos. Respira normalmente durante unos momentos y observa cómo se siente tu cuerpo antes de pasar al siguiente paso.

Paso 3: Concéntrate en tu respiración

Ahora, comienza a respirar conscientemente. Inhala a la cuenta de 3, exhala a la cuenta de 3. Eventualmente, deja de contar y permite que tu respiración continúe. Si lo hace más fácil, piensa 'adentro' y 'afuera' con cada respiración. Presta atención a la forma en que cada inhalación llena tu abdomen y pecho. Luego, observa cómo se desinfla con cada exhalación. Continúa concentrándote en tu respiración hasta que no pienses en otra cosa.

Paso 4: Despeja tu mente

Una vez que tu mente esté despejada, puedes continuar respirando y meditando todo el tiempo que quieras. Si te encuentras desenfocado, no te vuelvas crítico o duro. En vez de eso, reconoce que tenías un pensamiento o que tu mente está vagando y déjalo pasar a través de ti y hacia el aire con tu próxima inhalación. Concéntrate de nuevo en tu respiración y en la forma en que tu cuerpo se infla y desinfla cada vez.

Meditación guiada

La meditación guiada es una excelente opción para los empáticos que luchan por despejar su mente, ya sean nuevos en la meditación o que estén abrumados por las emociones que están sintiendo. La meditación guiada es una buena alternativa porque en lugar de tratar de despejar tu mente, una voz te ayuda a través del ejercicio de meditación y te mantiene concentrado. Puedes encontrar grabaciones de audio de meditación guiada en línea o crear las tuyas propias grabando tu voz hablando una meditación.

Hay meditaciones guiadas para una amplia variedad de propósitos. Dos de las que más benefician a los empáticos son la meditación guiada para enraizar y la meditación guiada para liberar energías negativas. A continuación, encontrarás una explicación de lo que debes buscar en este tipo de grabaciones, así como un guion de muestra que puedes usar para crear tu propia meditación guiada.

La meditación guiada que ha sido diseñada para estimular el enraizamiento usualmente se enfoca en el chakra de la raíz. A medida que respiras tu energía hacia abajo a la tierra, debes sentir una conexión y tu respiración debe ser más lenta. Esto ayuda a equilibrarte. A medida que encuentres este equilibrio, también encontrarás que las energías negativas son liberadas de st cuerpo. Este tipo de meditación también debe traer claridad.

Ejemplo de un Guion de Meditación Guiada

Al comenzar, debe sentarse cómodamente con la columna vertebral estirada.

Respira profundamente....

Y lentamente suéltalo.

Toma otra inspiración profunda....

Y lentamente suéltalo.

Respira profundamente por tercera vez, prestando atención a cómo llena tu pecho y abdomen....

Ahora, siente que tu pecho y abdomen se vuelven blandos a medida que empujas lentamente el aire hacia afuera.

Continúa respirando, inhalando profundamente y exhalando para llenar y desinflar con cada respiración....

Adentro....

Afuera....

Adentro....

Afuera....

Ahora, asegúrate de que tus ojos estén cerrados y concéntrate en las diferentes áreas de tu cuerpo, comenzando por la cabeza.

Examina mentalmente cada área de tu cuerpo y observa cualquier tensión que puedas sentir....

La cabeza...

El cuello y los hombros....

Bajando por los brazos y los dedos....

A medida que encuentres áreas de tensión, aprieta más los músculos y luego suéltalos....

Aprieta....

Y suelta....

Continúa haciendo esto con cada área de tu cuerpo que se sienta tensa,

Nota cómo cada área se siente relajada después de que la liberas.

En el pecho y el abdomen....

A través de la espalda, el área pélvica y las caderas....

Por los muslos y las rodillas....

A las pantorrillas, tobillos, pies y dedos de los pies.

Cuando termines,

Todo su cuerpo debe estar en un estado de relajación.

Ahora, lleva toda tu atención al chakra de la raíz....

Siente la piscina de energía cerca de la base de la columna vertebral....

Este es el centro de tu energía y fuerza vital,

Tu conexión con la tierra.

Si te interrumpe por algún pensamiento, suéltalo....

Libera las distracciones de tu mente hasta que tu único enfoque sea tu chakra raíz.

Ahora, visualiza una bola de energía roja y brillante en tu chakra raíz....

Con cada respiración, esta bola se vuelve más brillante.

A medida que la potencia de la bola aumenta, la bola de energía comienza a girar con un movimiento en sentido contrario a las agujas del reloj......

A medida que gire más y más rápido, vuelve a prestar atención a tu respiración.

Con cada exhalación, siente cualquier energía que no se alinee con la liberación de tu chakra raíz....

Identifica conscientemente aquellas cosas que están dañando tu chakra raíz y tu habilidad para encontrar la paz.

Luego, establece la intención de liberar estas energías a medida que ocurran....

Acostúmbrate a liberarlos a medida que ocurren en tus actividades diarias.

Continúa este proceso....

Inhala y exhala profundamente....

Inhala la luz roja a medida que esa bola de energía continúa brillando,

Exhala las cosas que no te sirven.

Ahora, vas a equilibrar el chakra raíz asumiendo un Guyon mudra....

Una posición de la mano que ayuda a equilibrar el chakra de la raíz....

Une tus dedos pulgar e índice en una posición circular,

Permite que los otros dedos se sientan sueltos y relajados lejos de la mano.

Continúa manteniendo esta posición y relaja tu cuerpo....

Inhala y exhala durante varias respiraciones....

Adentro....

Afuera....

Adentro....

Fuera....

Adentro....

Afuera....

Continúa sentado todo el tiempo que quieras, hasta que te sientas centrado y en armonía contigo mismo....

Debes sentirte equilibrado y relajado....

Debes sentirte claro....

Debes sentir como si el peso de las energías negativas en tu vida se hubiera levantado....

Ahora, afirma tu centro y tu arraigo hablando en voz alta....
Estoy arraigado.
Estoy físicamente consciente y cómodo en mi entorno.
Siento mi conexión con todos los seres vivos, así como con la tierra que hay debajo de mí.
Mi cuerpo está lleno de vitalidad y energía.
Mi conexión con la tierra se siente sin esfuerzo.
Me siento seguro y a salvo en mi entorno.
Progreso de mi relación con todo lo que me rodea.
Mi pasión por la vida arde fuertemente.
Escucho los mensajes de mi cuerpo y de mi interior.
Permito que mi fuerza creativa inspire mi motivación y logre mis objetivos.
Me respeto a mí mismo y confío en mi capacidad de saber cuándo necesito ser reabastecido.
Estoy en sintonía con mi cuerpo y tengo una relación saludable con el dinero.
Conecto mi alma con mi cuerpo físico a través de los movimientos de la danza y el ejercicio.
Reflexiona ahora sobre cuál de estas declaraciones te ha llamado la atención.
Trata de repetir aquellos que no lo hicieron, dándote un momento para sentir la energía a medida que la verdad resuena dentro de ti.
Conéctate completamente con estas verdades y con todo lo que quieras ser.
Ahora, imagina que la tierra resplandece de rojo brillante mientras tiembla debajo de ti....
Cuando la tierra tiembla, sientes el estruendo en la base de tu columna vertebral....
Cuanto más tiempo te enfocas, más crece la intensidad del temblor....

El temblor viaja desde la columna vertebral hasta el abdomen, irradiando hacia arriba a medida que llena el cuerpo y vibra a través de las piernas y el pecho.

Finalmente, el temblor llega a la espalda, los brazos, el cuello y la cabeza.

Mientras la tierra continúa sacudiendo todo tu ser,

Sacude toda la energía que no te pertenece....

Así como esa energía que no sirve a tu propósito superior....

Las creencias negativas se agitan a través de las grietas del suelo que te rodea....

Mientras el terremoto sacude esta libertad, tus respiraciones permiten que las energías positivas, brillantes y vivas fluyan a través de tu chakra raíz....

Esta energía brillante y roja fluye a través de tu columna vertebral desde la tierra....

Las vibraciones de sanación te llenan de pasión y vida....

Ahora, comienza a recitar un canto profundo,

"Ohm" funcionará bien....

Vas a recitar tres veces, cada vez permitiendo que las vibraciones del canto resuenen a través de todo tu cuerpo y cada fibra de tu ser....

Ohm....

Ohm....

Ohm....

Ahora, continúa respirando, imaginando que tu energía de raíz roja está regresando a su base....

Continúa respirando y relajándote hasta que estés listo para regresar a una conciencia lúcida de tu entorno.

Capítulo 7: Cristales y Aceites Esenciales para Beneficiar a los Empáticos

Las cosas que son de la tierra a menudo profundizan una conexión con la tierra, ayudando a enraizar y produciendo otros efectos. Algo, como tener un cristal en tu proximidad o usar aceites esenciales para la aromaterapia, puede ser el enraizado, limpieza de energías negativas, ayuda con el blindaje, y más. Este capítulo repasará algunas de las formas en que puedes utilizar los cristales y los aceites esenciales para ayudar a canalizar, bloquear y mejorar las energías de tu vida, así como qué cristales y aceites son las mejores opciones para el resultado deseado.

Cristales

Entre las muchas maneras en que los empáticos se ven afectados por el mundo que los rodea está la influencia de las frecuencias vibratorias. Los cristales son objetos sólidos formados por moléculas de la tierra que se unen entre sí, generalmente a lo largo de millones de años. A medida que los cristales sufren cambios físicos causados por la presión y las altas temperaturas, las energías resultantes se almacenan en su interior. Las energías almacenadas viajan a través de las moléculas que componen el cristal y proyectan una frecuencia específica y única.

Cómo usar los cristales

Una de las grandes cosas de los cristales es que simplemente por estar en tu presencia, puedes experimentar algunos de los beneficios. Muchos empáticos eligen usar joyas de cristal, ya que esto permite que su cristal esté siempre con ellos. Otra opción es llevar un cristal contigo; la gente a menudo elige piedras lisas para esto, de modo que puedan frotarlas cuando están ansiosas o deprimidas. Otra opción es ponerlo en tu escritorio o al lado de tu cama -simplemente estar dentro del rango del cristal te ayudará a sincronizar tus propias energías con la frecuencia del cristal que has elegido.

El cuidado de los cristales

La forma en que los cristales atraen y retienen las energías los hace susceptibles de recoger energías negativas, especialmente piedras pesadas que absorben energía como la hematita. La primera vez que traigas un cristal a casa, debes limpiarlo y recargarlo. La mayoría de los cristales se pueden limpiar en un baño de sal. Coloca 1-2 cucharadas de sal en agua tibia y coloca el cristal dentro. Déjalo en remojo por lo menos 24 horas. Si tienes un cristal que es suave o metálico por naturaleza, puede disiparse u oxidarse si lo colocas en agua salada. Algunos cristales que no deben ser remojados en un baño de sal incluyen la calamita, la hematita, la calcita, la turquesa, la mica, la malaquita, la pirita, la lepidolita y la selenita. En este caso, puede utilizar selenita para limpiar el cristal.

Para usar selenita para limpiar tu cristal, coloca los cristales que deseas limpiar con un pedazo de selenita. Deja que estos cristales se asienten juntos durante la noche. El selenito atraerá cualquier energía negativa. Otra alternativa es enterrar los cristales en sal seca del Himalaya para limpiarlos.

Cuando cargas tus cristales, estás devolviéndoles sus propiedades curativas naturales. La mejor manera de cargar cristales es a la luz de la luna, especialmente cuando hay luna llena. Elige una noche clara para cargar tus cristales y colócalos en el alféizar de una ventana o en el exterior, donde recibirán luz directa de la luna durante toda la noche.

Cristales que benefician a los empáticos

Algunos cristales te ayudarán a conectarte a la energía de la tierra, dándote la habilidad de conectarte a su energía. Esto te permite sintonizar con tu propia energía y experiencia mientras protege tu mente y cuerpo de las emociones de los demás. Otros cristales pueden funcionar para promover la limpieza de las energías negativas o promover un estado de ánimo o mentalidad positiva. Aquí está una lista de algunos de los mejores cristales para los empáticos y lo que hacen.

- Prasiolite- Esta piedra te conecta con la energía interna de la tierra y elimina las energías negativas que pueden existir dentro de tu mente, cuerpo y espacio. El flujo de energía a través de tu cuerpo funciona como un intercambio. A medida que la energía negativa fluye hacia afuera, las energías positivas la reemplazan. Esto te deja sintiéndote centrado y lleno de energía.

- Piedra de sangre- Las piedras de sangre trabajan con la red natural de la tierra para fomentar la estabilidad y la conexión a tierra. Funciona al enraizarte en tu experiencia consciente y hacerte consciente en el momento presente. La piedra de sangre también interactúa con el corazón, promoviendo el coraje y la fuerza.
- Hematita- El cristal de hematita tiene una energía magnética que interactúa con los elementos metálicos de la tierra para conectarte a ella. Esta energía de conexión a tierra te centra a través de esta conexión y estimula el equilibrio y la calma. Las piedras hematitas también extraen energía negativa y la absorben como propia. Es una buena elección para algunos empáticos, pero otros encuentran que la piedra es demasiado pesada o demasiado poderosa para que la lleven.
- Piedra Shungita - Este es conocido como el cristal más poderoso para traer un estado de equilibrio al chakra de la raíz. La Shungita fomenta un estado mental en el que tratas con problemas mentales tóxicos, emociones y otras cosas que no te benefician. Te ayuda a entender estos temas, por lo que puede dejarlos atrás. Al beneficiar al chakra de la raíz, la shungita crea una base sólida sobre la que otros chakras pueden equilibrarse y fomenta el bienestar general.
- Cornalina - Las piedras de cornalina que son de color naranja intenso o rojo se enraízan en la naturaleza. También proporcionan una sensación de comodidad al mismo tiempo que aumentan tu confianza, lo que puede ser útil en el lugar

de trabajo o en situaciones sociales. Algo a tener en cuenta es que es común que las joyas de 'cornalina' sean simuladas con ágata moribunda. Asegúrate de tener la piedra auténtica para obtener todos los beneficios.

- Jade Púrpura- Este cristal es ideal para proteger a los empáticos. Una de las maneras en que funciona es dándote una mayor comprensión de tus propias emociones, ayudándote a bloquear y rechazar aquellas que no te pertenecen. El jade púrpura también te conecta con el chakra de la estrella de la tierra. Este chakra existe aún más profundo que el chakra de la raíz, posicionado aproximadamente 6 pulgadas por debajo de tus pies dentro de la tierra. Esto ofrece una profunda experiencia de enraizamiento.
- Turmalina negra - La turmalina negra es una buena opción para los empáticos que trabajan como sanadores. Disipa la energía negativa, por lo que no la absorbe. La turmalina negra trabaja para protegerte y bloquearte, ya sea de una sola persona o de todo tu entorno.
- Piedras Boji- Si te sientes 'aislado' o fuera de contacto, este cristal invita al equilibrio en tu vida. Estas sensaciones de espacio a menudo son causadas por estar fuera de contacto con tu cuerpo físico. Las piedras Boji trabajan limpiando tu aura y restaurando tu conexión con la tierra.
- Lepidolite- Este cristal es conocido por su capacidad de mejorar las habilidades de cualquier otro cristal. También reduce la ansiedad, que es un síntoma común de los empáticos. Su capacidad para promover la paz también puede ayudarte a encontrar consuelo en tus relaciones y mejorar tu capacidad para dormir.
- Obsidiana- La obsidiana crea una conexión profunda con la tierra, ayudándote a ponerte en tierra y a experimentar estabilidad. Es conocida por su naturaleza protectora, que le

ayuda a eliminar la energía negativa de tu entorno inmediato. También es conocida por canalizar la energía oscura y liberarla hacia la luz.

- Cuarzo ahumado- El cristal de cuarzo ahumado beneficia el chakra de la raíz, que es el centro de todos los chakras del cuerpo y te conecta con la tierra. El cuarzo ahumado actúa neutralizando las energías negativas y las vibraciones, atrayendo la luz a medida que se eliminan.
- Magnetita- Las propiedades magnéticas de la magnetita metálica te permiten atraer los elementos naturales de la tierra. Esto tiene un profundo efecto de enraizamiento. También puede ayudar a alinear tus energías, creando un estado de equilibrio que es importante para conectarte con tu ser interior.
- Jaspe- Los cristales Jaspe vienen en varios patrones y colores. Tradicionalmente, la piedra que mejor funciona será la más atractiva para ti, ya que los cristales de jaspe son conocidos por su capacidad de llamar a las personas que los necesitan. El Jaspe trabaja creando una conexión profunda con la tierra. El color y el patrón del cristal que elijas también afecta cómo funciona. Por ejemplo, la popular piedra de jaspe rojo devuelve energía a tu cuerpo.
- Amatista- La amatista es conocida por aumentar la intuición de un empático. Esto es importante cuando estás tratando de mejorar tus habilidades empáticas o tratando de obtener un mayor sentido de lo que necesitas para estar mental y emocionalmente saludable. Una mayor intuición también puede ayudarte a identificar qué emociones son tuyas y cuáles pertenecen a otras personas.
- Ágata de fuego- Aunque este no es un cristal popular, funciona bien para algunos empáticos debido a su profunda conexión con el sistema de chakras. Ayuda a que las energías

fluyan a través de los chakras y se enraízan en la naturaleza. Además de crear una poderosa conexión con la tierra, el ágata de fuego te ayuda a superar obstáculos, bloqueos y energías negativas, fomentando una energía renovada e invitando a un cambio en tu vida.

- Malaquita- Esta piedra ayuda a eliminar los bloqueos emocionales que los empáticos experimentan comúnmente después de estar bajo estrés extremo. Absorbe las emociones negativas, especialmente las que están enraizadas en lo más profundo de tu ser.
- Piedra K2 o Grazurita- Este cristal se crea a través de una fusión de azurita celestial y granito molido. Te ayuda a entender y fomentar la conexión entre el universo y su energía vital y tus experiencias terrenales. Puede ayudarte a encontrar el equilibrio que necesitas entre la intuición y la satisfacción de las demandas terrenales.
- Calcita Roja- Cuando te sientes fuera de contacto con tu conciencia, este cristal trabaja para promover sentimientos de calma y firmeza. También ayuda a crear un estado de concentración, aliviando los sentimientos de estar separado de tu experiencia actual.
- Cuarzo Rosa- Este cristal interactúa con el corazón, promoviendo sentimientos de fundamento y amor incondicional. Esto puede ser beneficioso para los empáticos que intentan encontrar seguridad o equilibrio en las relaciones. También funciona para alejar las emociones negativas que puedas estar experimentando.

Aceites Esenciales

Los aceites esenciales describen cualquier mezcla de partes de la planta, incluyendo las hojas, flores, tallos, semillas y raíces. Como los aceites esenciales son de la tierra, al igual que los cristales, poseen habilidades únicas de conexión a tierra que te ayudan a fortalecer tu conexión con la tierra. También tienen propiedades únicas basadas en la planta de la que están hechos.

Cómo usar los aceites esenciales

Los aceites esenciales se pueden utilizar de diferentes maneras, lo que puede crear diferentes efectos. Algunos pueden añadirse a lociones, aceites u otros productos de belleza y frotarse directamente en la piel. Otros pueden ser difundidos o añadidos al agua y rociados en el aire, resultando en una experiencia de aromaterapia que estimula el enraizamiento y la curación. Si decides comprar aceites esenciales, asegúrate de que sean 100% puros para obtener los efectos completos.

Cuando estés aplicando aceites a tu piel, debes agregarlo a un aceite base como la manteca de karité, el aceite de coco, el aceite de semilla de uva, el aceite de almendras dulces o el aceite de jojoba. También puedes añadirlos a la hamamelis o al agua de brujas y utilizarlos como un refresco, ya sea en el aire o en la piel. Debido a que algunos aceites descomponen los plásticos, deben almacenarse en botellas o frascos de vidrio.

Antes de comenzar a usar un aceite esencial, usted debe investigar sobre él. Algo que hay que recordar es que el hecho de que algo se considere natural no significa que no sea tóxico. Por ejemplo, los aceites cítricos como los aceites de limón pueden tener el efecto secundario de la fotosensibilidad, especialmente cuando se aplican directamente sobre la piel. Esto significa que eres más propenso a experimentar quemaduras por el sol. Además, los aceites como el aceite del árbol del té tienen una amplia gama de beneficios, pero también son tóxicos cuando se ingieren. Investigar de antemano te permitirá experimentar los beneficios de los aceites esenciales sin correr el riesgo de sufrir efectos secundarios. También debes buscar consejo si tomas medicamentos para estar seguro de que no habrá interacciones negativas.

Aceites esenciales que benefician a los empáticos

Generalmente, cualquier aceite esencial puro o mezcla de aceites esenciales puede ser beneficioso para los empáticos. Sin embargo, hay algunos que contienen ingredientes conocidos como sesquiterpenos. Estas moléculas grandes y pesadas constituyen una gran fragancia de base y suelen tener aromas profundos y resinosos. Estos son algunos de los mejores aceites esenciales para estimular la conexión a tierra, la relajación, la conexión y otros beneficios para los empáticos.

- Albahaca - Si trabajas en algún lugar donde pueda ser drenado físicamente por las personas que encuentras durante el día, el aceite de albahaca es una buena opción. La albahaca es energizante y estimulante por la forma en que actúa sobre los nervios. También se dice que aleja las energías negativas y los espíritus. Para usar el aceite de albahaca, aplica una solución diluida en los pies y el pecho después de levantarte por la mañana. Algunos otros beneficios de la albahaca incluyen sus beneficios para eliminar la depresión, la ansiedad y la fatiga, que son problemas comunes con los que los empáticos suelen lidiar.
- Ciprés- El ciprés es de naturaleza herbácea. Es conocido por su capacidad de protección y puede ayudar a crear una sensación de seguridad.
- Abeto negro- El aceite de abeto negro es una de las mejores opciones para los empáticos debido a sus muchos beneficios. Estimula la sanación emocional y equilibra los estados de ánimo, permitiendo que alguien que está deprimido se recupere y que alguien que está ansioso se calme. El abeto negro también apoya el sistema endocrino y es conocido por sus propiedades clarificantes. Su capacidad de purificación la ha convertido en un elemento importante de algunos rituales de los nativos americanos.
- Manzanilla- Cuando estás tratando de relajarte por la noche, la manzanilla es una buena opción. Es antiinflamatorio y sedante. Cuando lo usas para relajarte y limpiarte antes de

acostarte, puede estimular un sueño profundo y rejuvenecedor que te deja con la fuerza mental que necesitas para combatir las energías negativas al día siguiente.

- Pachulí - El pachulí es especialmente beneficioso para los empáticos que asumen las dolencias físicas de las personas que los rodean. También puede ser útil para las personas que trabajan en el campo de la salud. Funciona al enraizarte en tu propio cuerpo, permitiéndote conectarte con tu ser interior en lugar de asumir las energías y los síntomas que otras personas emiten.
- Nuez Moscada- Este aceite tiene un aroma cálido y picante que es perfecto para promover la energía cuando te sientes abrumado o intimidado por el día que viene. También es reconfortante por su familiaridad y es estimulante.
- Romero - El romero tiene un aroma arbolado y familiar. Es conocido por elevar los estados de ánimo y promover la claridad mental.
- Geranio- El geranio es beneficioso para los empáticos porque ayuda a crear equilibrio, trabajando para levantar los estados de ánimo depresivos y sedar la ansiedad. Esto lo hace perfecto para tu uso después de estar rodeado de grandes grupos de personas y cuando se experimenta una gran variedad de emociones conflictivas.
- Clavo de Olor- El clavo de olor es beneficioso para los empáticos que son fácilmente influenciados por las energías y pensamientos de otros. Te permite superar los sentimientos de tristeza o disgusto que las personas experimentan a menudo cuando son empáticas. Te libera de la mentalidad de víctima y fomenta la comunicación de una manera que te permite defenderte en las relaciones, decir "no" cuando lo necesites y tomar decisiones independientes.
- Gaulteria- El aroma a menta de la gaulteria mejora la

concentración y estimula el cuerpo y la mente. Sus energías vigorizantes son perfectas para esos días en los que luchas por salir de casa.

- Mejorana - La mejorana es excelente para la piel y se utiliza comúnmente en aceites de masaje. Ayuda a promover un estado de equilibrio y calma todo el cuerpo y la mente.
- Jazmín- Aunque el jazmín es más conocido por su agradable aroma y uso como afrodisíaco, también ayuda a crear equilibrio en las emociones. Esto lo convierte en una buena opción para los empáticos que luchan por encontrar el equilibrio, o que pueden luchar con condiciones mentales como la ansiedad y la depresión.
- Neroli – El neroli es ideal para usar después de estar en áreas públicas concurridas. Es un antidepresivo, sedante y produce una sensación de equilibrio. También contrarresta los efectos de la ansiedad, el shock y la histeria. Si tienes problemas para despejar tu mente para dormir por la noche, el aceite de neroli es una buena opción para agregar a un difusor en tu dormitorio o en tu baño antes de ir a dormir.
- La mirra- La mirra es considerada el aceite de la tierra, lo que le permite crear una conexión a tierra profunda. Es una buena opción cuando esperas estar rodeado de muchas energías diferentes, como cuando vas a trabajar, a la escuela, a una fiesta o a la tienda de comestibles. El aceite de mirra también es conocido por conectarte a un estado elevado de conciencia espiritual. Puedes aplicarlo en tus pies, sobre tus muñecas o cerca de tu corazón.
- Orégano- El aceite de orégano es útil para los empáticos que necesitan poner límites. También reduce la energía parasitaria y trabaja para limpiar las energías negativas.
- Eucalipto - El eucalipto tiene capacidades para aumentar el estado de ánimo y la energía. Mejora la concentración y los

sentidos.

- Vetiver- Este aceite esencial es profundamente arraigado. Tiene un aroma a tierra que te conecta con la naturaleza y te ayuda a lograr un estado de equilibrio.
- Melaleuca (Árbol del Té) - Este tipo de aceite es útil para protegerse de las relaciones con los vampiros de la energía, o personas que te drenan de tus energías positivas. Puede ayudarte a recuperar tu energía de vuelta cuando ha dejado tu cuerpo por el de otra persona. Usar aceite de melaleuca puede ayudar.
- Rosa-La rosa promueve una mente clara, reduce la fatiga mental y puede equilibrar las hormonas. También funciona como un estimulante general del estado de ánimo. Los efectos que el aceite de rosas tiene en la mente también lo hacen ideal para períodos de meditación y auto - reflexión.
- Ylang-Ylang- Este aceite debe usarse con moderación para lograr un estado de relajación. Ayuda con problemas como insomnio, depresión y ansiedad. Aunque es bueno para la relajación, puede ser muy fuerte y sólo se necesita un poco.
- Sándalo - El sándalo tiene una profunda capacidad de fijación y es especialmente beneficioso para los empáticos que luchan con la energía masculina. También produce un estado de equilibrio en tu estado de ánimo. Se usa comúnmente para propósitos meditativos.
- Cedro- Tiene un aroma a madera y cálido que puede ser reconfortante. Su terrenalidad también promueve el enraizamiento.
- Limón- El aceite de limón tiene un aroma brillante y refrescante. Puede ayudar a levantar tu estado de ánimo y también tiene propiedades limpiadoras, que pueden ayudar a eliminar las energías negativas.

- Incienso- El incienso beneficia la mente al despejarla de pensamientos desordenados y energías conflictivas. Esta habilidad te permite centrarte en tus propias emociones y en la concentración de los beneficios. También tiene un efecto edificante que puede evitar las energías negativas y la depresión.
- Naranja salvaje- Este aceite es una buena opción cuando te sientes desanimado o deprimido después de experimentar estados de ánimo negativos. Tiene un aroma ligeramente dulce y es estimulante, vigorizante y energizante.
- Salvia – La salvia conecta con las energías femeninas de la tierra y es conocida por sus habilidades de protección. Esta es una gran elección para los principiantes que aún no son buenos para protegerse de las energías de los demás.
- Salvia sclarea - La Salvia sclarea es a la vez eufórica y sedante. Promueve el equilibrio hormonal, trabaja para aliviar el insomnio y puede producir equilibrio en el estado de ánimo. Es una buena opción para los empáticos que luchan contra la ansiedad y/o la depresión.
- Lavanda- La lavanda es uno de los aceites esenciales más versátiles. Es más conocido por sus efectos sedantes, ya que es un aditivo común en productos para el baño y el cuerpo, lociones para bebés y atomizadores de relajación. La lavanda funciona relajando la mente, haciéndola ideal para los empáticos que luchan contra la ansiedad. También limpia la energía negativa y equilibra el cuerpo emocional instantáneamente.

Capítulo 8: Tener relaciones exitosas como empático

Desenvolverse en las relaciones como empático conlleva un conjunto único de desafíos. Cuando te interesa alguien, ya sea romántica o platónicamente, te acercas a esa persona y eres más sensible a sus emociones. Esto hace que sea importante establecer límites, comunicar tus necesidades y aprender a protegerte de las energías de alguien incluso cuando estás cerca de la persona. Este capítulo te enseñará los muchos secretos para tener una relación exitosa si eres empático.

Comunicación y Equilibrio del Chakra Garganta

Los dos chakras más beneficiosos para los empáticos son el chakra de la raíz y el chakra de la garganta. El chakra de la raíz, como se vio en el Capítulo 6, promueve un sentido de conexión con la tierra y te ayuda a ponerte en contacto con tus emociones internas. En las relaciones, es extremadamente beneficioso para los empáticos ponerse en contacto con su chakra de la garganta. El chakra de la garganta promueve la comunicación, que es algo donde muchos empáticos tienen problemas.

Por qué la comunicación es importante al ser empático

La comunicación es importante en cualquier relación, incluso si no eres empático. Sin embargo, cuando eres un empático, la comunicación es importante para evitar que te sientas agotado, exhausto y obligado en las relaciones. Mientras que algunas personas anhelan la unión en una relación, los empáticos requieren una cierta cantidad de espacio. Este espacio es necesario para que encuentren su centro y se pongan en contacto con sus propias emociones. Esta necesidad de espacios sólo aumenta con la cantidad de intimidad, ya que muchos empáticos experimentan las emociones fuertes de las personas que están cerca, incluso cuando no están en el área inmediata.

Para tener una relación sana, es necesario encontrar el equilibrio entre la unión y el espacio. Fortalecer el chakra de la garganta también fortalece tu capacidad para comunicar tus necesidades. Esto es cierto en las relaciones románticas, así como en las relaciones con amigos, compañeros de trabajo y familiares.

Cómo fortalecer el chakra de la garganta

Fortalecer y equilibrar el chakra de la garganta consiste en resolver cualquier conflicto o desequilibrio que pueda existir. A menudo, el chakra de la garganta se ve afectado por una vida pasada y las circunstancias kármicas, conflictos no resueltos, bloqueos o daños en el chakra de la garganta, o problemas de comportamiento negativos crónicos. A menudo se puede decir que el chakra de la garganta está desequilibrado cuando se tiene dificultad para comunicarse, dolor en el área del cuello y los hombros, es tímido/tímido o excesivamente hablador, impedimentos con la audición o el habla, o flujo creativo bloqueado, por nombrar algunas cosas. Hay varias estrategias que puedes usar para fortalecer y estimular el uso del chakra de la garganta, incluyendo:

- Cuidar la garganta descansando y bebiendo mucha agua
- Recostado boca arriba y enfocado conscientemente en la relajación de la garganta, el cuello y la mandíbula
- Expresión a través de ejercicios creativos
- Esfuerzo consciente para dejar de juzgar a otros y a ti mismo
- Uso de la garganta, incluyendo tararear, vocalizar y cantar
- Uso de la libre expresión de tus pensamientos, emociones e ideas
- Diciendo regularmente tu verdad
- Hacer gárgaras con agua salada para limpiar y aliviar la garganta
- Escribir un diario para expresar tus pensamientos

Aclara las cosas que necesitas

¿Alguna vez has estado en una fiesta de un amigo, pero te has sentido abrumado por el sorprendente número de personas que se presentaron? Puede que te hayas sentido obligado a quedarte para la celebración o a felicitarlos, aunque te sientas irritado y abrumado por todas las personas que están presentes. Cuando finalmente consigues interactuar con tu amigo, es posible que se dé cuenta de tu irritación y asuma que estás enojado.

En situaciones como ésta, es importante que te tomes el tiempo que necesites, ya sea para alejarte, enraizarte y regresar, o simplemente dejar la fiesta. Si necesitas alejarte, tómate el tiempo para ir al baño o a una habitación extra y medita por unos minutos. Tú también debes conducir tu propio automóvil si vas a una fiesta u otra obligación. Esto te da la libertad de salir cuando estés listo. Cuando estés listo para irte, acércate a tu amigo para hacerle saber que estuviste allí. Puedes ser honesto con ellos acerca de sentirte abrumado por el número de personas. Si no te sientes cómodo siendo honesto, hazles saber que no te siente bien y que necesitas irse. Las personas que valoran tu amistad o relación entenderán que hay momentos en que necesitas cuidarte a ti mismo.

Otra parte de ser claro sobre tus necesidades es aprender a establecer límites, incluso con las personas que más te importan. Por ejemplo, es natural querer estar ahí para nuestros padres, hermanos y mejores amigos, especialmente cuando están pasando por un momento difícil. La fuerte conexión que los empáticos comparten con las personas que les importan puede hacer que sea agotador escuchar sus problemas, por muy importante que sea la otra persona para ellos.

Es cierto que no todo lo que sucede en la vida es positivo. No será tu decisión despedir a tu compañero de trabajo que nunca termina su parte del trabajo. Lo que puedes hacer, sin embargo, es negarte a hacer su trabajo por ellos sólo porque se han relajado y no quieren trabajar durante el fin de semana. También es importante establecer límites cuando se ayuda a la gente a resolver problemas, incluso cuando se está especialmente cerca. Por ejemplo, imagina que tu mejor amiga o tu madre está pasando por un momento difícil. En lugar de descuidarlos por completo, explícales que puedes hablar con ellos sobre su problema, pero sólo durante 15 minutos (o mientras te sienta cómodo). Si no pueden respetar esto, ten una excusa preparada para cambiar de tema o colgar el teléfono. Establece una alarma si es necesario, para que te comprometas a terminar el tema de conversación. A medida que aprendas más sobre lo que puedes y lo que no puedes manejar antes de sentirte abrumado, aprender a establecer límites te hará la vida más fácil y placentera.

Ten un lugar donde puedas retirarse

Cuando vives con personas, como una pareja, compañeros de cuarto u otros miembros de la familia, es importante tener un área a la que puedas retirarte cuando te sientas abrumado o necesites pasar tiempo reconectándote con tus propios sentimientos. Esto podría ser una oficina, un armario grande o un área específica en tu dormitorio. Establece un área con cosas que te ayuden a enraizarte, ya sea una foto de un lugar que te calme (como la playa) o una colección de cristales. Para que este lugar sea un área efectiva para retirarse, es importante comunicarse con las personas con las que vive y con las que no quieres que te molesten cuando estás en este lugar. Al establecer límites, éste será un lugar donde puedas retirarte si te sientes cansado, te sientes vulnerable o necesitas escapar de una situación. Permanece en esta área hasta que sientas que tu corazón y tu mente se realinean con tu ser interior. Si este espacio te ayuda a calmarte, considera tomar una foto de él y llevarlo contigo. Puedes sacar la foto cuando estés abrumado y visualizarte en esa área cuando estés molesto.

Aprender a manejar el conflicto como un empático

Los empáticos tienen una tendencia natural a evitar el conflicto, ya que no les gusta la oleada de emociones negativas que lo acompañan. Sin embargo, a medida que los empáticos aprenden más sobre la base y el control de sus emociones, en realidad sobresalen en el manejo de conflictos. Los empáticos entienden las verdaderas intenciones de otras personas y sus necesidades, lo que hace más fácil alcanzar una solución que funcione para todos.

Para tener éxito en las relaciones, es importante aprender a manejar los conflictos y los desacuerdos.

Capítulo 9: Consejos adicionales para prosperar como empático

Hasta ahora, las estrategias proporcionadas en este libro te han enseñado simplemente cómo arreglárselas como empático. La atención se ha centrado en la supervivencia, en lugar de en la prosperidad. Como empático, tienes un don único. Aunque es fácil ver tu percepción extra del mundo como una maldición, te da un conjunto de habilidades únicas que pueden ser usadas para mejorar tu vida. Tú tienes la habilidad de persuadir y entender a un nivel más profundo que otros. Esto mejora tus relaciones, te da una visión de tu propia percepción y de las percepciones de los demás, y te ayuda a resolver problemas, por nombrar algunas cosas. Este capítulo te enseñará cómo usar tus habilidades empáticas para sobresalir.

Identificándose como un empático introvertido o un empático extravertido

Una característica que diferencia a los empáticos de otros como ellos es si son introvertidos o extrovertidos. Entender la distinción entre estos dos tipos de empatía te permite tener una mayor comprensión de las cosas que pueden ayudar a rejuvenecerte y cargar tus energías naturales. No hay una forma única de recargar tus energías y traerlas de vuelta a su estado 'normal' de energía. Si bien se recomienda relajarte por tu cuenta, también se necesita el tipo correcto de estimulación. Esto te ayuda a encontrar el equilibrio perfecto entre el caos y el aburrimiento.

La razón por la que las necesidades de los empáticos introvertidos y extravertidos son tan vastamente diferentes se reduce a la sensibilidad de la dopamina que la persona experimenta. Todos los empáticos necesitan reservar tiempo para recargar la dopamina, que es la hormona en el cerebro más estrechamente relacionada con los sentimientos de placer. Al invitar al placer a tu vida, la felicidad vendrá después. Los introvertidos tienden a recargar sus niveles de dopamina mejor por sí mismos, haciendo una actividad como colorear, leer, meditar o hacer rompecabezas. Como los introvertidos son sensibles a la dopamina, no requieren la misma estimulación externa que los extrovertidos pueden necesitar para recargarse. Los empáticos que son extravertidos necesitan la estimulación externa para aumentar los niveles de dopamina, lo que puede ser un difícil equilibrio antes de aprender a bloquear las energías de los demás. Algunas buenas fuentes de estimulación externa podrían ser ir a correr con tu perro o ir a un concierto (si puedes concentrarte en lo positivo y bloquear lo negativo). La clave es aprender a cimentarte en cualquier actividad que hagas, para que sepas que no te estás abrumando con la experiencia de los demás. Recuerda que debes concentrarte en tu propio entretenimiento y diversión.

Averigua dónde (y cuándo) encontrar información y apoyo

Como empático, uno de los pensamientos más grandes que tendrás que superar es la creencia de que tendrás que pasar por la vida por tu cuenta. Los científicos han avanzado mucho en la comprensión de las personas altamente sensibles y la forma en que su cerebro percibe el mundo exterior de manera diferente a las otras personas. Además, Internet ha hecho que sea mucho más fácil encontrar grupos de apoyo y literatura sobre empatía, para que puedas encontrar el apoyo que necesitas y una comprensión más profunda de lo que significa ser un empático.

El mayor desafío para encontrar estos recursos es reducir toda la información y los grupos disponibles, ya que no todos se crean por igual. Si escribes la palabra 'empatía' en un motor de búsqueda, te van a bombardear con diferentes tipos de resultados, desde artículos informativos y recursos de ayuda hasta foros y grupos de chat donde la gente puede hacer preguntas y compartir su experiencia empática. No te asustes al sentirte abrumado por parte del contenido que se presenta, ten en cuenta que muchas de las personas que hacen preguntas y comparten sus experiencias también han tenido su parte de luchas con la empatía.

Si decides hacer una investigación adicional online después de leer este libro, debes tener en cuenta que no toda la información que encontrarás es relevante. Algunos de los resultados pueden ser poco atractivos o incluso perturbadores, sin embargo, la visión de algunas personas de los empáticos cae en el ámbito de la ficción y la fantasía, en lugar de la caracterización de alguien que es muy sensible al entorno que le rodea. No siempre se puede encontrar información confiable en línea. Afortunadamente, el uso de estos consejos puede ayudarte a reducir los resultados de la búsqueda hasta que encuentres fuentes confiables:

1. Use la sabiduría de los foros- Algunas personas tienen experiencias especialmente negativas como empáticos y pueden querer compartir o pedir consejo. Sin embargo, no todos los empáticos experimentan la vida de la misma manera. Además, los foros pueden tener buenos consejos, pero también pueden reforzar el lado negativo de ser empático. Si tiendes a enfocarte en lo negativo, debes evitar los foros hasta que estés en un mejor lugar empáticamente. Sin embargo, pueden ser un buen lugar para conectarse con otros empáticos y hacer preguntas una vez que se quiera llegar a ellos.

2. Evita sitios sobre vampiros emocionales y psíquicos - Aunque la ciencia ha avanzado mucho en ayudar a la gente a entender la experiencia empática, no todo el mundo se ha puesto al día. Hay muchos sitios web, grupos y artículos informativos que se relacionan con los empáticos como una experiencia más psíquica o "mágica", en lugar de una experiencia experimentada por personas que son sensibles a su entorno. Además, la connotación de un vampiro emocional describe un empático que utiliza sus habilidades para manipular y aprovecharse de las emociones de los demás. Esto no describe a todos los empáticos, sólo a aquellos que usan sus poderes para el 'mal' en lugar del bien.

3. Ten cuidado cuando te reúnas con otros empáticos - Puede parecer obvio que no debes reunirte con cualquiera que hayas conocido en

línea, sin importar cuánto tiempo hayas estado hablando con ellos o cuán buenos sean sus instintos. En lugar de buscar empatía individual, busca grupos cercanos con los que puedas reunirte o unirte. Si decides conocer a una persona, debes reunirte con ella en un lugar público, decirle a alguien adónde vas y tomar otras precauciones de seguridad.

4. Dirígete a Fuentes Confiables de Información- No puede confiar en todo lo que lee en línea, especialmente cuando se trata de un tema como los empáticos que no ha sido explorado, estudiado o entendido completamente. Cualquiera tiene el poder de crear un sitio web, publicar contenido y fotos, y hacer que su información parezca legítima. Cuando busque información en línea, asegúrese de encontrar información que haya sido escrita por empáticos, psiquiatras, médicos e investigadores bien establecidos.

5. Conoce el mejor lugar para buscar información - Cuando estés tratando de entender más acerca de tu naturaleza empática, debe recurrir a fuentes científicas como documentos académicos y artículos de origen psicológico o científico. Si estás buscando apoyo, lo mejor es buscar artículos de ayuda escritos por sitios web psicológicos o empáticos conocidos. También puedes encontrar grupos de apoyo en línea, tanto los que existen en una comunidad en línea como los que tienen reuniones cara a cara. Te sorprendería saber cuántos empáticos podrían estar tratando de conectarse en tu ciudad, sólo que carecen de las habilidades sociales para ponerse en público.

6. Verificación de los hechos - Siempre debes verificar la información en Internet. Incluso cuando proviene de una fuente acreditada, se descubre nueva información y los hechos cambian a medida que aumenta la comprensión de los investigadores. Al mantenerse al día con los últimos descubrimientos sobre los empáticos y cómo manejar la vida como un empático, constantemente encuentras nuevas perspectivas sobre tu sensibilidad y encuentras maneras de mejorar la calidad de tu vida.

Evita las multitudes cuando estés en público

Incluso una vez que te has vuelto especialmente hábil para protegerte de las emociones de los demás, la energía necesaria para poner un escudo puede desgastarte rápidamente si estás en medio de una multitud de personas. Si un lugar es muy concurrido, acostúmbrate a pegarte a los lados en lugar de estar en el centro. Puedes hacer que algo como una cita o una cena con amigos sea mucho más cómodo si te sientas contra la pared, para que puedas ver la puerta y evitar áreas que puedan tener un olor abrumador, como la cocina o el baño. Si estás en una fiesta, en lugar de pasear en medio de la multitud, encuentra una sala menos concurrida y un grupo de 1 o 2 personas con las que conversar. Simplemente ajustando la forma en que tratas con los ambientes atestados, puedes estar más a gusto y tener un momento más fácil para protegerte de las energías no deseadas.

Cómo evitar los desencadenantes externos

No siempre es la presencia de grandes multitudes lo que desencadena un episodio de sentimientos abrumadores o no deseados. No es raro que algunos empáticos sean desencadenados por la luz, los sonidos, los olores u otros estímulos externos poderosos. Esta es la razón por la que algunos empáticos evitan los conciertos u otros lugares iluminados donde no tienen mucho control sobre su entorno. Cuando te aventures a un lugar o reunión que pueda desencadenar una respuesta emocional negativa, tómate un momento para analizar el lugar en busca de posibles problemas. Evita las áreas como el cubo de basura y el baño si el olor es un desencadenante. Si estás en un restaurante y te molesta estar con mucha gente, no te sientes junto a la cocina, donde el personal de servicio estará constantemente entrando y saliendo. En lugar de estar junto al escenario en un concierto en el que los altavoces serán ruidosos y la luz será intensa, párate hacia la parte de atrás de la multitud.

Decide cuidadosamente si la medicación es la correcta

Un problema común que los empáticos enfrentan, especialmente cuando son adolescentes, es el uso de medicamentos para controlar sus habilidades empáticas. Aunque hay un momento en que la medicación es apropiada, la mayoría de los médicos no tienen en cuenta el aumento de la sensibilidad de la persona antes de hacer una recomendación de medicación. Los empáticos son sensibles no sólo a su entorno físico sino también a las cosas que eligen ingerir.

Por supuesto, hay empáticos que puede beneficiarse del uso de medicamentos, especialmente si tienen problemas para bloquear sentimientos abrumadores como la ansiedad y la depresión. La medicación es más beneficiosa cuando está equilibrada. Los empáticos que toman una dosis demasiado fuerte pueden encontrarse desconectados de la sociedad regular e incapaces de formar relaciones saludables porque pierden su capacidad de sentir el mundo a su alrededor. No hay nada malo con las emociones: son parte de la experiencia humana. Las personas que no sienten pueden tener problemas para tomar decisiones morales o para establecer relaciones mutuamente beneficiosas.

El mejor consejo si decides tomar un medicamento es comenzar con una pequeña dosis. No debes tomar la misma dosis de un antidepresivo o ansiolítico que una persona promedio. En su lugar, comienza con algo más pequeño. Siempre puedes pedirle a tu médico que aumente la dosis si termina siendo demasiado. Sin embargo, si comienzas con una dosis demasiado grande, puedes tener problemas para ajustarla más tarde.

Elige el tipo de trabajo adecuado

Otro obstáculo que los empáticos enfrentan comúnmente es encontrar un trabajo que no sea abrumador. Muchos se quedan sin trabajo en el mundo laboral cuando eligen posiciones de nivel de entrada, especialmente porque industrias como la venta al por menor y el servicio de alimentos requieren interactuar con cientos o miles de personas todos los días. En cualquier lugar de trabajo, también existe la necesidad de trabajar con personas que pueden o no tener buenas intenciones, desde el compañero de trabajo promedio que se descuida hasta el gerente que constantemente critica el trabajo de todos.

Para ser un miembro exitoso de la sociedad, es importante mantener un trabajo. Esto puede parecer una hazaña imposible para los empáticos que tienen problemas para bloquear las emociones de los demás. Sin embargo, como todo lo que haces como empático, puedes encontrar fácilmente un trabajo en el que puedas prosperar eligiendo trabajos que ejemplifiquen tus fortalezas sin abrumarte. Por ejemplo, algunos empáticos prosperan en posiciones en las que pueden usar su naturaleza sanadora, mientras que otros trabajan bien como líderes y miembros de gerencia o de recursos humanos. Los empáticos que sobresalen en la sanación pueden elegir trabajar como cirujanos, doctores, dentistas, veterinarios, o en otra posición de cuidado. Sin embargo, si te apegas fácilmente a los pacientes, es posible que no desees trabajar en un campo en el que existe un alto riesgo de entrar en contacto con un trauma. El trabajo social o trabajar como terapeuta también se adapta a algunos empáticos, particularmente a aquellos que son buenos para ayudar a las personas a superar traumas emocionales. He aquí una lista de algunas posiciones que podrías considerar como un empático, así como lo que hace de cada una de ellos una buena elección:

- Psicólogos- Los psicólogos que son empáticos tienen el beneficio adicional de hacer que sus pacientes se sientan más relajados, lo que puede aumentar la comunicación médico-paciente. También pueden entender mejor las necesidades de un paciente debido a su profundidad de comprensión y ayudarlo a construir un sistema de apoyo, ayudándolo a explicar a su familia y amigos lo que necesita para estar bien. Existe una amplia gama de puestos de trabajo que un psicólogo puede ocupar, incluyendo trabajar exclusivamente con niños, en entornos clínicos o en un consultorio privado, en centros de rehabilitación o en centros de salud mental.
- Enfermeras- Tener un título en enfermería es una buena opción para los empáticos que quieren usar su naturaleza

sanadora. Se destacan por su capacidad para ayudar a los pacientes a relajarse y aliviar su dolor, ya sea mental o físico. Las enfermeras empáticas también pueden ayudar a consolar a los pacientes y a las personas que los apoyan. Pueden ser empleados en hospitales, consultorios médicos, escuelas y hogares de ancianos. Algunos empáticos también pueden sobresalir en el cuidado en el hogar, que tiene menos pacientes, pero aun así les permite promover la sanación.

- Veterinario- El cuidado natural y las habilidades sanadoras de los empáticos no se limitan a los humanos. Los empáticos pueden trabajar como veterinarios o como técnicos veterinarios cuando quieren curar y consolar a los animales enfermos. También pueden consolar a las personas que los traen.
- Guardabosques- La naturaleza es increíblemente rejuvenecedora para los empáticos. Si bien los guardabosques pueden tener que tratar con personas ocasionalmente y hacer cumplir las leyes, la mayor parte del trabajo implica estar afuera en la naturaleza. Esto te da muchas oportunidades para practicar tus habilidades de conexión a tierra.
- Rehabilitador de Vida Silvestre- Al igual que con el trabajo como veterinario, esta posición es ideal para los empáticos debido a la naturaleza curativa que tienen a través de todas las especies. Pueden cuidar a los animales hasta que recuperen la salud y ocuparse a los bebés que han sido abandonados por sus madres. Además, los rehabilitadores de vida silvestre comúnmente trabajan en la naturaleza y esto puede ayudarles a encontrar tiempo para practicar la toma de tierra y ponerse en contacto con su ser interior.
- Músico - El lado emocional de los empáticos los convierte en grandes músicos. Esto se debe a que la emoción es un punto en común que los oyentes de un músico comparten. Ya sea que

escribas letras o toques un instrumento, puedes conectarte con una audiencia a través de la música. Esto se convierte en una buena opción para los empáticos extrovertidos, que pueden sentirse cómodos en el entorno de energía adecuado. Puedes ganar dinero en concursos de bandas y conciertos, creando tu propia música y actuando en cafés y clubes.

- Artista- La gente generalmente cree que los artistas tienen emociones, perspectivas y habilidades únicas para ver el mundo que les rodea. Al transformar su experiencia única en diferentes medios, crean un arte hermoso. Los empáticos encajan en el molde del artista porque sus mentes son profundamente perspicaces y han aumentado la percepción del mundo que les rodea. Sus puntos de vista sobre el conflicto y la pasión crean obras de arte inspiradoras. Hay muchas maneras en las que puedes elegir ganar dinero con tu trabajo: puedes trabajar como freelance y crear piezas por encargo, vender trabajos que hayas creado previamente, encontrar trabajo como ilustrador o explorar otras carreras.
- Escritor- La intensidad de las emociones y percepciones se puede comunicar a través de la escritura y el arte. Trabajan bien creando piezas impactantes y poderosas, historias de noticias, poesía y todo tipo de ficción. Además de ser autor, existe la opción de crear un blog, trabajar para un periódico o revista, o escribir por cuenta propia.
- Trabajador social- Las personas que trabajan en el campo del trabajo social tienen muchas oportunidades para ayudar, ya sea que trabajen con individuos o ayuden a comunidades enteras. Los empáticos más adecuados para esta posición son aquellos que tienen control sobre sus habilidades, ya que no pueden volverse emocionales en situaciones difíciles. También es importante mantener una mente clara y concentrada. Los empáticos sobresalen en esta posición por su habilidad para

entender perspectivas difíciles. Además, pueden ofrecer el apoyo, la comodidad y la seguridad de que los niños y los adultos trabajadores sociales suelen trabajar con las necesidades.

- Coach de vida- Los empáticos tienen muchas cualidades que la gente necesita en los coaches de vida, incluyendo un sentido de lo que la gente necesita para tener éxito y una confiabilidad que hace que los clientes crean que tienen sus mejores intereses en mente. Los coaches de vida pueden trabajar con personas en un ambiente menos emocional, especialmente si están enfocados en ayudar a alguien a alcanzar sus metas de acondicionamiento físico o educación. Los Coaches de visa suelen trabajar en privado, aunque otros son empleados de empresas que los conectan con los clientes.

- Maestro- La habilidad promedio de los empáticos para entender las necesidades de las personas con las que trabajan los convierte en grandes maestros. Típicamente entienden las cosas que sus estudiantes necesitan para ayudarles a sobresalir y son excelentes para ayudar a otros a alcanzar sus metas. Como profesor, los empáticos también tienen la habilidad de impartir importantes conexiones y motivación que muchos estudiantes necesitan para tener éxito. Esto es especialmente cierto en el caso de los estudiantes que no reciben ese apoyo en casa. Si alguna vez has escuchado historias inspiradoras sobre un maestro, entonces entiendes el profundo efecto que los maestros pueden tener en los niños y adolescentes que enseñan.

- Consejeros de Orientación- Los empáticos sobresalen como consejeros de orientación por la misma razón por la que sobresalen como maestros y trabajadores sociales. Tienen una habilidad innata para entender las necesidades de los demás y tienen la habilidad de saber lo que los estudiantes necesitan para sobresalir, ya sea ayuda con la tarea, motivación o ayuda con su vida social. Como consejero de orientación, hay oportunidades ilimitadas para ayudar a guiar a los estudiantes por el camino correcto.

Antes de considerar aceptar un trabajo, asegúrate de considerar el lado negativo de las cosas. Piensa en lo bien que se siente trabajar como veterinario, pero también puede tratar con animales que nunca mejoran. Las personas también suelen llevar a sus mascotas al veterinario cuando están cerca del final de sus vidas y necesitan la eutanasia. Cuando se trabaja en recursos humanos, puede ser necesario poner fin al empleo de una persona o dar una respuesta negativa, algo que algunos empáticos pueden tener problemas para hacer si no pueden bloquear las emociones de la otra persona. Si bien hay beneficios para los empáticos y oportunidades para que usen sus habilidades en todas las posiciones anteriores, la mayoría de ellos también tienen desventajas que deben ser consideradas. Piensa en los éxitos y fracasos que has tenido en el pasado, y luego usa lo que sabes para encontrar la posición perfecta.

Evite aferrarte a los rencores

Como los empáticos tienden a sentir las cosas más fuertes que la mayoría, también pueden aferrarse a los rencores después de sentir que alguien les ha hecho daño. Los sentimientos como el enojo y el resentimiento pueden volverse tóxicos cuando los guardas en tu interior, especialmente a medida que asumes emociones adicionales del mundo que te rodea. Los rencores pueden ser comparados con un veneno: corren desenfrenados en el cuerpo y tienen el potencial de enfermarte. La realidad es, sin embargo, que este veneno no daña a la persona que ha hecho mal. En su lugar, tú te estás dañando a ti mismo al mantener ese rencor y la otra persona puede que ni siquiera se dé cuenta de que te ha molestado. Esto hace que el perdón sea un rasgo importante para que los empáticos se desarrollen. Incluso cuando luchas por entender por qué alguien te ha hecho daño físico o emocional, debes tratar de dejar ir estas emociones. Si es necesario, canaliza tus habilidades empáticas y considera cuáles eran sus intenciones.

Además de perdonar a los demás, es importante que recuerdes perdonarte a ti mismo. La naturaleza sensible que tienen los empáticos puede hacer que sea fácil para ellos ser críticos consigo mismos, culpándose por no ayudar más o cuando algo va mal en sus vidas. Los empáticos también pueden sentirse culpables o avergonzados de sus reacciones a las emociones que sienten. Por ejemplo, pueden tener mal genio con su cónyuge porque sienten el enojo de su hijo en ese momento. En lugar de ser crítico, aprende de cualquier error que hayas cometido y permite perdonarte. Acostúmbrate a dejar ir aquellas cosas que no promueven un estado de bienestar más feliz y saludable.

Capítulo 10: Cómo nutrir tu empatía interior

A medida que sigas creciendo, descubrirás que hay cosas que puedes hacer para fortalecer tus habilidades empáticas. Tendrá más control sobre cuando sientes y respondes a las emociones de los demás. También te encontrarás más en sintonía contigo mismo y con el mundo que te rodea, capaz de manejar mejor los conflictos y entender lo que necesitas para estar bien. Al continuar alimentando tu empatía interior, tus habilidades empáticas continuarán creciendo. Este capítulo te enseñará a superar los miedos que te frenan, así como a aprovechar tus poderes para invitar a la felicidad y a un mayor sentido de éxito y realización en tu vida.

Por qué debes nutrir tu empatía interior

Cuando las personas están aprendiendo por primera vez a controlar sus habilidades empáticas, pueden pensar que no quieren aprender a mejorarlas. Esto puede ser intimidante, especialmente si no has tenido muchos beneficios o experiencias positivas debido a tu naturaleza empática. Sin embargo, aprender a nutrir tu empatía interior no significa que vas a sentir más del mundo exterior. En cambio, te da la capacidad de concentrarte en tus propios pensamientos y sentimientos, así como de sintonizar con los pensamientos y sentimientos de otra persona a voluntad. Esta mayor capacidad de concentración te permite bloquear las emociones de las personas que te rodean, aparte de tu concentración (ya sea en otra persona o en ti mismo). A medida que continúes usando tus habilidades de esta manera, desarrollarás muchas de las habilidades que los empáticos experimentados tienen, incluyendo:

- Diplomacia- La conexión que los empáticos comparten con otras personas les permite entenderlos a un nivel más profundo. En cuestión de segundos, pueden entender las emociones, intenciones, motivaciones, inseguridades y preocupaciones de alguien. Esta profunda conexión les permite sentir lo que la gente a su alrededor necesita, dándoles la habilidad de relacionarse con otros de una manera que los hace receptivos a su mensaje. Esto los convierte en buenos negociadores y disertantes. Estas habilidades se ven reforzadas por la habilidad innata del empático para detectar mentiras y predecir respuestas.

- Carisma- La gente a menudo se siente atraída por los empáticos, siendo magnetizada por su energía. Esta personalidad carismática hace que la gente te quiera más, ya sea en el ambiente de trabajo o socialmente. Esto hace que sea más fácil convencerlos e interactuar con ellos. También te puede resultar más fácil persuadirlos. El carisma natural de un empático también ayuda a mantener relaciones y amistades a largo plazo.

- Confiabilidad- Las vibraciones naturales y abiertas y la energía tranquilizadora que emite el típico empático hacen que la gente los vea como dignas de confianza. Los empáticos son más propensos a hacer que la gente se abra, razón por la cual algunos se dedican a campos como el trabajo social o la asistencia sanitaria. Esta confiabilidad también hace que los empáticos sean excelentes opciones para la administración. La gente se siente segura de que velará por los mejores intereses de los empleados y de las organizaciones, por lo que es más probable que sigan su ejemplo.

- Gestión de crisis- Una vez que puedas protegerse del pánico de todos los que te rodean, puedes volverse muy adepto a la gestión de crisis. La elevada sensibilidad de la mente de un empático les da la capacidad de procesar rápidamente la información. Puesto que son líderes naturales y saben cómo responder en una crisis, pueden dirigir de una manera que

reduce la confusión y el caos. Esto ayuda a las personas a ponerse a salvo más rápidamente en caso de emergencia.
- Habilidades de Sanación- La habilidad del empático para asumir las emociones de los demás les permite sanar tanto emocional como energéticamente. Al leer las emociones de los demás, pueden responder de una manera que les permite eliminar las vibraciones negativas de los demás. Esto puede aliviar el dolor físico, reunir a amigos o familiares después de un desacuerdo, o dar a alguien el apoyo que necesita para superar una experiencia traumática.

Superando los miedos

Los empáticos se retraen en la vida al evitar situaciones que los hacen sentir incómodos. Aunque debes dar pasos para sentirte cómodo y satisfacer tus propias necesidades, también es importante que salgas de su zona de comodidad. Esta es la única manera de superar los miedos y continuar creciendo. He aquí algunas estrategias que puedes utilizar para ayudar a superar los miedos con los que los empáticos suelen tener dificultades.

#1: Encuentra un punto de venta creativo

Las personas altamente sensibles suelen estar demasiado estresadas por el mundo que les rodea para darse cuenta de la energía creativa que fluye entre su interior y el mundo que les rodea. Esta energía creativa hace que los grandes músicos, escritores, chefs y artistas se sientan empáticos. La clave es encontrar lo que te apasiona y luego usar esa pasión interna para dirigir tu enfoque.

Al expresarse de manera creativa, los empáticos pueden encontrar un canal para dejar salir sus emociones. A medida que canalizas la energía creativa, intensa y emocional, estás absorbiendo emociones fuertes y liberándolas como una forma de arte. Esto puede ayudarte a superar el miedo a absorber emociones fuertes. La clave para esto es transformar la energía sin dejar que se convierta en ti. Deja que inspire obras de arte creativas - visualiza esas energías que salen de tu cuerpo mientras pones energía en una escultura o las canalizas a través de los movimientos de su mano mientras escribes, pintas o dibujas. Si cantas o tocas un instrumento, imagina esas energías apasionadas alejándose como sonido. Al hacer esto, te darás cuenta de que tienes la opción de absorber o transformar estas emociones fuertes, dejándolas fluir de ti sin atarte ni afectando tu ser interior.

#2: Adquiere el hábito de tomar tus propias decisiones

Los empáticos son el tipo de personas que "van con la corriente". Pueden estar abiertos a salidas sociales o a un pequeño almuerzo, pero casi nunca son ellos los que toman esa decisión. Parte de ganar más control sobre tu vida es aprender a apartar tu enfoque del mundo exterior y mirar hacia adentro, considerando las cosas que quieres y necesitas. Al aprender a concentrarte en ti mismo, te encontrarás involucrado en más actividades que te harán feliz o apasionado.

Lo bueno de cambiar tu proceso de toma de decisiones es que es tan simple como empezar a hacer pequeños cambios por ti mismo. Compra esa camiseta o vestido sin preguntarle a tu pareja o mejor amigo si te queda bien. Piensa si te gusta la pieza de ropa y luego cómprala. En lugar de preguntarle a tu amigo, compañero de trabajo u otra persona importante qué es lo que quieren para el almuerzo, haz una sugerencia. Decide lo que tu familia comerá para la cena y lo que quieres cocinar, en lugar de satisfacer las necesidades de todos. Elige la película que vayas a ver en tu próxima cita. Tomar estas decisiones no sólo te da un mayor control en tu vida, sino que también vas a aprender más sobre las cosas que te gustan y las que no te gustan, en lugar de esperar encontrarte con un momento agradable mientras exploras las decisiones de otras personas. Tomar decisiones también es una herramienta útil para hacer un esfuerzo, lo cual se vuelve importante para practicar a medida que aprendes a expresar las cosas que más necesitas.

#3: Busque desafíos

Es fácil sentirse intimidado por el mundo que te rodea, especialmente si has luchado por ser empático en el pasado. Puedes incluso tener una aversión subconsciente a lugares y situaciones que te han hecho sentirte incómodo o abrumado antes. Por ejemplo, puedes haber tenido una mala experiencia yendo al picnic de la compañía o a la fiesta de vacaciones de la oficina, así que inventa una excusa cuando viene cada año. Es posible que desee contribuir a la sociedad haciendo algo como alimentar a las personas sin hogar, pero te has sentido horrible o afectado al caminar hacia alguien menos afortunado en la calle.

Sin embargo, es importante recordar que las experiencias negativas que tienes no son causadas por la experiencia, sino por tu reacción a ella. Por ejemplo, cuando estás haciendo algo como ser voluntario para ayudar a alimentar a los menos afortunados que tú, concéntrate en la parte positiva de la experiencia en lugar de la negativa. No te concentres en cómo la persona a la que estás sirviendo puede tener dolor o dificultades. En su lugar, concéntrate en los sentimientos de calor, felicidad y bienestar que la persona puede estar experimentando debido a la comida caliente que está recibiendo. Siente la alegría de las otras personas que están trabajando contigo, ayudando a servir a las personas que son menos afortunadas.

Al hacer cosas que antes te hacían sentir incómodo y buscar una experiencia positiva, cambias la manera en que te sientes en la situación. Se convierte en una experiencia positiva, sanadora y saludable en lugar de una que está llena de tristeza y dolor. Esta técnica se puede aplicar a muchas situaciones diferentes en tu vida. Acostúmbrate a buscar aquellas situaciones que han puesto a prueba tus límites antes. Luego, usa tus técnicas de enraizamiento y lo que sabes acerca de elegir las emociones que experimentas, permitiéndote crecer en tu poder empático y dándote libre acceso al mundo. Cuanto más presiones tus habilidades empáticas, más experiencias positivas podrás invitar a tu vida.

Elige su vida

Una de las razones por las que la gente se retrae es porque se encuentran flotando junto con lo que la vida les arroja. Hay momentos en los que tienes que responder a las situaciones de la vida. Sin embargo, no debes ver la vida como una serie de respuestas. Tú tienes el potencial de elegir y crear la vida que tienes, ya que cada decisión que tomas te acerca o te aleja de la vida que vives. Tú tienes el poder de elegir dejar un trabajo que te hace miserable por uno que es más satisfactorio. Puedes tomar decisiones como ésta entre tus amigos, en tus relaciones románticas, y en cualquier otra área donde no estás satisfecho con la vida.

El mayor desafío a la hora de hacer cambios es saber qué cambiar y qué partes de tu vida son saludables. Esto aplica para todo, desde las relaciones y el empleo hasta lo que elijas hacer en tu tiempo libre. La dura realidad que muchas personas enfrentan en su vida, no sólo los empáticos, es que no todas las personas con las que te encuentras y todas las situaciones en las que te encuentras están destinadas a ser un elemento permanente de la vida. A medida que creces, es importante que reconozcas y te distancies de las cosas que no contribuyen a tu bienestar general y te ayuden a alcanzar tus metas. A medida que evalúas diferentes áreas de tu vida, considera qué cosas te hacen sentir mal y cuáles dañan tu salud mental. Trata de ver el cuadro completo y dónde encaja esa persona o situación en tu vida. Luego, decide qué papel deben tener estas personas y cosas en tu vida. Si tienes un amigo que te importa pero que es extremadamente negativo, no necesariamente tienes que sacarlo de tu vida. Sin embargo, si no está enriqueciendo nada en la relación, puedes limitar la cantidad de tiempo que pasa hablando con él y en su presencia física. Si te molestan las grandes multitudes, invita a tus amigos a pasar el rato en tu casa o reúne a un grupo pequeño en otro lugar. Elije un ambiente más tranquilo y relajado en lugar de una fiesta ruidosa y estridente o un ambiente de club. También debes tratar de elegir amigos y relaciones en base a si la persona trata de ver lo bueno en los demás, o si enfatiza demasiado o se enfoca en los defectos. Cultiva relaciones con personas que tienen una perspectiva principalmente positiva - son las personas que traerán felicidad a tu vida.

Otra manera de fomentar la positividad en tu vida es consumir medios edificantes. Elije canciones que sean positivas y optimistas. Elije obras de arte para decorar tu hogar que provoquen emociones alegres. Cuando leas y veas televisión o películas, escoge temas que te hagan feliz o contenido.

Sintonización con sentimientos específicos

Uno de los beneficios de ser un empático es entender verdaderamente a los demás en un nivel profundo. A medida que avanzas en tus habilidades y aprendes a dejar fuera el mundo que te rodea, también puedes aprender a sentir las emociones de una persona específica. Este es un talento que le toma a la mayoría de los empáticos años para dominarlo, así que no te preocupes si no lo percibes de inmediato.

La sintonía con las emociones de una persona específica es más efectiva cuando se está emocionalmente cerca de alguien. Con el tiempo, tus habilidades empáticas se alinean con las vibraciones específicas de alguien. Esta es la razón por la que algunos empáticos sienten las emociones de las personas que les importan, incluso a través de largas distancias. Por ejemplo, pueden tener un nudo en el estómago y saber que algo anda mal con su madre, sólo para descubrir que tuvo un accidente automovilístico unas horas después. Además de trabajar con personas con las que estás emocionalmente cerca, esta técnica funciona bien cuando estás físicamente cerca de alguien. Idealmente, esta estrategia se aprende mejor cuando estás físicamente cerca de alguien con quien compartes una conexión profunda. Ya que ustedes están receptivos a sus vibraciones, recoger sus energías será más fácil. Una vez que formes esta conexión, te encontrarás en condiciones de sintonizarte a través de largas distancias.

El propósito de aprender a sintonizar y desconectar las emociones de alguien a voluntad es darse la oportunidad de concentrarse en sus sentimientos y necesidades, así como dejar que te desconectes y te concentres en tus propios sentimientos, para que puedas pensar racionalmente en la situación. El primer paso para abrir el canal de tus habilidades empáticas es crear un espacio receptivo en ti mismo para las vibraciones específicas de esa persona. Siéntate en un lugar donde puedas estar solo las primeras veces que practiques y medites, respirando profundamente mientras cierras los ojos e intentas despejar tu mente. Luego, imagina que las raíces están creciendo desde tu cuerpo y hacia la tierra, creando un sentido de enraizamiento a medida que te vuelves auto - consciente de tus propias emociones y flujo de energía. A medida que continúes sintiendo las vibraciones de tu propio núcleo interior dentro tuyo, elige algo que te anclará a la tierra. Esto puede ser una imagen o una acción tan simple como juntar el pulgar y el índice para ayudarte a recordar que necesitas volver a enfocarte en tus propias emociones. Esto evitará que te pierdas en la experiencia de la otra persona, haciendo que no puedas ayudarla.

Cuando pienses en tu ancla, sumérgete más profundamente en tus raíces. Comienza relajando las diferentes áreas de tu cuerpo, comenzando con los dedos de los pies, los pies y los tobillos y luego subiendo hasta las pantorrillas, las rodillas y los muslos. Luego, siente cómo se relajan los dedos, las manos, las muñecas y los brazos. Debes permitir que esto continúe a través de las caderas y el abdomen, por la espalda y los hombros, y sentir la relajación del torso, el cuello y la cabeza. A medida que todo tu cuerpo se relaja y se hace pesado, siente que tu conexión con la tierra se profundiza. Una vez que alcances este estado de relajación, imagina un ancla gigante flotando a través de tu mente y sujetándote a la tierra. Puede juntar el pulgar y el índice para ayudar a conjurar este anclaje en tu mente si estas teniendo problemas para concentrarte. Mantente enfocado en tu ancla, notando cómo se siente tu cuerpo mientras respiras profundamente, relájate completamente e imagínate que tu cuerpo se disuelve hasta que sólo tu autoconciencia se quede en el suelo.

Una vez que esté completamente enraizado y consciente, comienza a abrirte. Imagínate que eres un árbol, con tus raíces continuando sosteniéndote en el suelo mientras tu mitad superior florece con ramas, hojas y flores, como brazos abiertos esperando recibir lo que está por venir. Concéntrate en un solo pensamiento de paz o calma mientras haces esto y ábrete para recibir ese pensamiento. Después de haber dominado la meditación de ser receptivo a la calma y la paz, practica abriéndote a los demás y haciéndote receptivo a sus vibraciones. Si te sientes perdido o abrumado por tus sentimientos, recuerda tu ancla y permítete regresar a un estado de estabilidad. A medida que aprendas a dominar esta técnica, podrás concentrarte en una sola persona y saber lo que está sintiendo, pensando y experimentando. Entenderás sus intenciones y sus necesidades. Una vez que tengas esta información, puedes usarla para responder de una manera que ayude a reconfortarlos o sanarlos. Esto puede ayudar en situaciones en las que las personas necesitan sanar de un trauma, ya sea físico o emocional. A medida que aprendas a hacer esto con personas con las que estás familiarizado, sentirás que el poder comienza a crecer con el tiempo. Serás capaz de responder a las personas con las que estás cerca contra las distancias largas y te encontrarás capaz de canalizar el dolor y el trauma de los extraños a los que eliges ser receptivo también.

Uso de afirmaciones positivas

Las autoafirmaciones invitan a las cosas que te gustaría en tu vida. La ciencia muestra que el simple acto de creer lo que estás diciendo hace que actúes de la manera en que crees que eres. Al actuar de esta manera, la gente comienza a tratarte como si fueras lo que crees que eres. Esto puede crear la base perfecta para el cambio.

Cuando declaras tus autoafirmaciones con confianza, invitas a la creencia de que las cosas buenas y las experiencias positivas llegarán a tu vida. Esto casi funciona de la misma manera en que las moléculas de agua se juntan, ya que las moléculas que comparten la misma energía vibratoria se atraen entre sí. La parte de la creencia del sistema funciona así:

Imagina que tu naturaleza empática te ha causado varias malas experiencias en el lugar de trabajo. Como resultado, te sientes como si no estuvieras capacitado en tu trabajo y tiendes a rehuir los proyectos más grandes. La gerencia y otros compañeros de trabajo han dejado de pedirte ayuda con las presentaciones porque pueden ver tu falta de confianza en ti mismo. Si comienzas a usar autoafirmaciones que expresan tu confianza, notarás un cambio en la forma en que actúas en el trabajo. A medida que te convenzas de que tienes confianza, comenzarás a hablar más en el trabajo. Compartirás tus ideas, contribuirás más y posiblemente serás voluntario para ayudar en un proyecto que podrías haber evitado anteriormente. Como tus compañeros de trabajo ven tu confianza en tus ideas y tu capacidad para contribuir a los proyectos en el trabajo, también creerán en tu confianza y tus capacidades. Tus acciones continuarán reflejando esto. Notarás que estás más alto, hablas con claridad y miras a la gente cuando conversas con ellos, y tienes un apretón de manos más firme y seguro. Podrás compartir ideas, tomar la iniciativa y hacer presentaciones de una manera que no hubiera sido posible antes. Puedes cambiar completamente el mundo en el que vives, simplemente afirmando que es diferente.

A medida que aprendes a cambiar la forma en que interactúas con el mundo, las autoafirmaciones también pueden darte una meta en la que concentrarte. A medida que comiences cada día con las cosas que quieres que sucedan, estarás enfocado en hacer esas cosas una realidad. Recitar autoafirmaciones es tan simple como crear una lista de las cosas que deseas que sean ciertas sobre ti mismo, tus relaciones y tu vida. Pega esta lista junto al espejo de tu baño. Cada mañana, párate frente al espejo y repite las cosas de esa lista. Mírate a los ojos mientras dices cada afirmación con una voz confiada, segura y creíble. Si no crees la afirmación la primera vez que la dices, dilo de nuevo. Continúa repitiendo cada afirmación hasta que sientas que resuenan contigo y que se sienten como si fueran parte de tu ser interior.

- Soy cariñoso. Soy seguro. Soy fuerte.
- Acepto la realidad de mi bienestar emocional, espiritual y físico.
- Tengo el poder de limpiar cualquier estrés o negatividad en mi cuerpo.
- Me trato con cariño y valoro mi sensibilidad por sus beneficios.
- Acepto mis dones empáticos y exploraré mis habilidades.
- Aprecio lo que mi naturaleza empática me permite ser.
- Me protejo de drenar a la gente.
- Tengo el conocimiento para decidir qué relaciones son saludables y establecer límites con los demás.
- Tengo el poder de decir 'no' en el momento adecuado.
- Cuido y alimento mis cuerpos físicos y espirituales para crecer en la mejor versión de mí mismo.
- Acepto mi naturaleza sensible y me doy el tiempo que necesito para recargarme.
- Escucharé mis sueños y honraré mi intuición.
- Estoy equilibrado y bien.
- Soy fuerte y capaz.
- Tengo la confianza que necesito para tener éxito como empático.
- Soy un maestro de mis habilidades empáticas y técnicas que me ayudan a ser la mejor versión de mí mismo.

Si tienes algo específico en lo que quieres enfocarte o cambiar, también puedes recitar esa afirmación. Sácalo de tu bolsillo o billetera periódicamente durante el día, recitándolo en tu cabeza o en voz alta. No importa dónde lo digas, pero sí cómo lo digas. Recuerda declarar cada afirmación con convicción, creyendo auténticamente que estás declarando las verdades de tu vida.

Nutre tu cuerpo

El enfoque principal de este libro ha sido la nutrición de la mente y el alma. Es importante recordar, sin embargo, que cada parte de tu cuerpo, mente y espíritu están conectados. Es importante mantener el cerebro afilado y bien descansado para poder concentrar la energía y levantar los escudos durante todo el día. Los alimentos que comes también pueden tener un impacto en tu funcionamiento. Esto no significa que debas hacer dieta constantemente. En su lugar, concéntrate en elegir alimentos que estén llenos de nutrientes. Escoge granos saludables y ricos en fibra, aceites beneficiosos y frutas y verduras llenas de vitaminas y minerales para agregar a tu dieta. Al nutrir tu cuerpo, te encontrarás mejor preparado para enfrentar los desafíos de cada día.

Conclusión

Al leer este libro, esperemos que te hayas dado cuenta de que ser empático no tiene por qué ser una experiencia negativa. Muchos empáticos crecen y se convierten en personas exitosas, aprendiendo a trabajar en estrecha colaboración con personas o animales en los campos que aman mientras nutren sus dones internos. Al elegir hacer cosas como invitar a la positividad en tu vida, puedes cambiar la realidad de tu percepción. Esto te ayudará a encontrar la felicidad donde alguna vez luchaste con problemas como la ansiedad, la depresión y la dificultad en las relaciones.

Al usar las técnicas proporcionadas en este libro, recuerda que tu meta debe ser lograr tu propio equilibrio perfecto. Cada empático es tan único como su huella dactilar. Al aprender cuánta estimulación necesitas para ser feliz, decidir cuándo experimentar las emociones de las personas que te rodean y cuándo protegerte, recargar tus energías cuando lo necesites, y nutrir tu cuerpo y mente, puedes cambiar la realidad de tu vida.

Por último, ten en cuenta que los cambios no se producen de la noche a la mañana. Pueden pasar semanas antes de que aprendas a protegerte del mundo que te rodea y aún más tiempo antes de que aprendas a enfocarte en emociones específicas. Sin embargo, cada paso que das es un paso en la dirección correcta. Si te mantienes recargado y usas las estrategias que se te proporcionan regularmente, puedes llevar una vida mejor, más feliz y más productiva.

¡La mejor de las suertes!

Manipulación
Guía para el Dominio de la Manipulación Usando Técnicas de PNL, Persuasión y Control Mental

Por: Daniel Patterson

Tabla de Contenidos

Introducción

Capítulo 1: Una Introducción a la PNL, la Persuasión y el Control Mental

¿Qué es PNL?

Los Dos Principios Fundamentales de la PNL

Una Breve Historia de la PNL

¿Qué tienen que ver el aprendizaje de la persuasión y el control mental con la PNL?

Tendrás una mayor comprensión de la experiencia humana

Puedes romper la barrera de la comunicación.

Obtendrás la habilidad de manipular

La ética de la manipulación y el control mental

Capítulo 2: Beneficios de dominar la PNL, la persuasión y el control mental

Mayor capacidad de aprendizaje

Mayor capacidad para manejar problemas mentales

Mayor conciencia de cuándo las técnicas de manipulación son utilizadas en ti.

Mejor capacidad para evaluar las relaciones

Puedes sobresalir en el trabajo

Mejor capacidad de persuasión

Mayor Empatía

Mayor control sobre las reacciones emocionales

Mayor capacidad para alcanzar tus metas

Mayor Autoconfianza

Mayor capacidad para leer a la gente y construir relaciones

Capítulo 3: Los fundamentos de la programación neurolingüística

Suposiciones
Principios básicos de la PNL
PNL en Acción
Terminología - Una visión general de las técnicas de PNL
Cómo acceder a las pistas
Cambiando tu mentalidad
Reformulación de contenido
Reformulación del contexto
Eliminación vs. Distorsión vs. Generalización
Posiciones perceptivas
Superponer
Otras Terminologías y Técnicas de PNL que son de Utilidad de Entender

Capítulo 4: Uso de la Persuasión

¿Qué es exactamente la persuasión?
Técnicas de Persuasión
Reciprocidad

El Principio de la Escasez
La Paradoja de Ellsberg
Fenómeno de Manos Calientes
Influencia Social
Compromiso y Consistencia
Uso de la Autoridad
Mímica
Anclaje
El Principio de Simpatía
Uso de Palabras Sensoriales
Cómo elegir una técnica de persuasión

Capítulo 5: Técnicas de Control Mental

Entrar en un estado mental sugestionable

Técnicas de Control Mental

Control Mental Activo

Control Mental Pasivo

Anclaje

Anclaje en la Práctica: Crear un ancla para un estado de máximo funcionamiento del cerebro

Cómo protegerte de las tácticas de control mental de los demás

Capítulo 6: Dominar el arte de la manipulación

Conoce a tu Objetivo
Utiliza la Ventaja de la Corte en Casa
Presta Atención a tu Apariencia Física

Conviértete en un Maestro del Lenguaje

Introducción

Cuando la gente escucha la palabra "manipulación", a menudo la asocia con connotaciones negativas. Puede ser visto como algo sospechoso o de naturaleza turbia, o como un rasgo indeseable que alguien puede tener. Sin embargo, la manipulación no siempre es algo que debe hacerse con malas intenciones. La manipulación puede describirse simplemente como la comprensión del comportamiento humano y de la experiencia humana de una manera que te permite persuadir y convencer a los demás. No tiene que tener intenciones negativas o maliciosas; algunas personas son incluso manipuladoras sin darse cuenta.

¿Alguna vez has considerado lo fácil que sería la vida si pudieras hacer cosas como convencer a tu jefe de que tu propuesta de negocio es una inversión que vale la pena? ¿O si pudieras calmar a tu cónyuge y persuadirlo de tu opinión cuando no estás de acuerdo con la crianza de los hijos? ¿O si pudieras convencer a la gente de que trabajen juntos en un proyecto para alcanzar una meta común? ¿O si pudieras convencer al hombre o a la mujer que ves todos los días en tu cafetería local de que salga contigo en una cita? Hay muchas veces en tu vida en las que conocer técnicas como PNL, la persuasión y el control mental pueden ayudarte a manipular a la gente de una manera que les convenza de tus ideas. Esta es una habilidad útil y no tiene por qué tener malas intenciones.

La información proporcionada en este libro te guiará a través del conocimiento, técnicas y estrategias que necesitas para aprender el arte maestro de la manipulación. A medida que aprendes programación neurolingüística, encontrarás una comprensión más profunda de la forma en que los humanos interactúan entre sí y del papel que el lenguaje y el pensamiento tienen en el comportamiento. Esto te servirá a medida que aprendas la mejor manera de alterar los comportamientos, tanto en ti como en otras personas. También aprenderás sobre estrategias de persuasión y control mental. Todas estas técnicas se unirán para formar una base que te permitirá manipular a otros y moldearlos a tu voluntad, ayudándote a tener éxito en las cosas que quieres en la vida. Ya sea que necesites ayuda para convencer a tu propia mente de que deje de pensar tan negativamente o cambie tus conductas autodestructivas, o que estés tratando de convencer a alguien de tu opinión o de ayudarte a lograr algo, este libro sentará las bases para hacerlo. A través de la práctica continua, te encontrarás mejor preparado para enfrentar (y superar) los desafíos del mundo.

¡La mejor de las suertes mientras te embarcas en tu viaje para dominar la manipulación, la PNL, la persuasión y el control mental!

Capítulo 1: Una Introducción a la PNL, la Persuasión y el Control Mental

La programación neurolingüística (PNL), la persuasión y el control mental son técnicas estrechamente relacionadas que te ayudan a entrar en la mente de otra persona y convencerla de tus ideas. Este capítulo explicará qué es exactamente cada una de estas habilidades y cómo pueden ser utilizadas en tu vida.

¿Qué es PNL?

La programación neurolingüística es una escuela de pensamiento que implica el uso de los tres elementos más influyentes de la experiencia humana para comprender el aprendizaje y el comportamiento humano. A medida que entiendas más y aprendas las técnicas relacionadas con las habilidades como la persuasión y el control mental, serás capaz de implementar cambios en tu propio comportamiento y cambiar la forma en que interactúas con las personas para traer mejores oportunidades a tu vida.

Los tres elementos que se cree que tienen mayor impacto en el comportamiento humano incluyen la neurología, el lenguaje y la programación. La neurología describe el funcionamiento interno del cuerpo y la mente, ya que el cerebro es responsable de regular y controlar la forma en que funciona el cuerpo. Sin las señales enviadas por el sistema neurológico, los humanos no podrían realizar ningún comportamiento. El lenguaje afecta los comportamientos humanos debido al impacto que la comunicación tiene en la forma en que nos relacionamos con las personas y el mundo que nos rodea. Finalmente, la programación describe el proceso de aprendizaje y los tipos de modelos que creamos en nuestro mundo. Es la dinámica que existe entre la neurología y el lenguaje, la que determina el comportamiento humano o la programación.

Aunque la PNL se enfoca fuertemente en estas tres áreas, es una escuela completa de pensamiento. Implica no sólo cómo interactúas con el mundo que te rodea y tu efecto en los comportamientos de otras personas, sino también cómo analizas y entiendes tus propios comportamientos. A través de la comprensión de la PNL, tienes el poder de cambiarte a ti mismo y al mundo que te rodea.

Los Dos Principios Fundamentales de la PNL

La escuela de pensamiento de PNL se basa en dos grandes principios que se cree que son ciertos. Son estos principios los que dan forma a las técnicas y estrategias utilizadas para enseñar PNL a las personas.

El primer principio es el conocimiento de que, como ser humano, es imposible entender la realidad. Tu visión del mundo se limita a lo que percibes como verdadero. Lo que ves, hueles, saboreas, sientes o escuchas puede ser lo mismo que alguien más. Sin embargo, una vez que tu cerebro recibe información sobre lo que estás experimentando, lo interpreta basándose en memorias, experiencias y conocimientos previos. Para cada individuo, su experiencia y percepciones del mundo son completamente únicas. Al comprender que no es posible compartir la misma experiencia con otra persona debido a las diferencias en tu percepción del mundo, queda claro que existe un mapa neurolingüístico del mundo. Este mapa se construye a través de tus interacciones e interfaz con el mundo que te rodea, así como con tus patrones de pensamiento únicos. Por lo tanto, se puede concluir que no es la realidad lo que determina la forma en que una persona se comporta, sino su percepción de esa realidad. Las personas están empoderadas o limitadas por su percepción; depende de ellas decidir cuál.

El segundo principio de la PNL describe la vida humana y la mente como procesos sistémicos. Son sistemas de información, donde se introducen los datos, se analiza la información y hay una respuesta. Aunque cada persona tiene una percepción única del mundo que la rodea, todavía existe un plan que puede ser utilizado para explicar la relación entre los cuerpos humanos individuales, la sociedad y el universo entero que existe a su alrededor. Considera algo como el efecto mariposa: el fenómeno de que algo tan simple como que una mariposa aterrice en un árbol puede causar una onda hacia afuera que conduce a un desastre en algún lugar. Esta interacción crea relaciones complejas, que es la razón por la que no se puede aislar el plano de la mente de una persona sin entender cómo el mundo exterior y sus puntos de vista personales han moldeado su experiencia.

Una Breve Historia de la PNL

La historia de la PNL es breve porque se ha estudiado mucho menos que los modelos más antiguos de comportamiento y aprendizaje. Los primeros trabajos fueron realizados por Richard Bandler, que tenía experiencia en terapia gestáltica y matemáticas, y John Grinder, que tenía experiencia en lingüística. Estos hombres se unieron para crear un modelo de comportamiento que llamaron programación neurolingüística para describir la relación que existe entre el lenguaje, las interacciones de una persona con el mundo y su comportamiento.

El primer trabajo que estudió las ideas que más tarde constituirían la base de la PNL fue *La Estructura de la Magia*, que tuvo dos volúmenes publicados en 1975 y 1976. Éstos estudiaron los patrones de comportamiento y verbales de la renombrada terapeuta familiar Virginia Satir y del creador de la terapia gestáltica Fritz Perls. En volúmenes separados titulados *Patterns of Hypnotic Techniques por Milton H. Erickson, M.D.*, que también tuvo dos volúmenes publicados en 1975 y 1976, los patrones de comportamiento y verbales del psiquiatra y fundador de la American Society of Clinical Hypnosis, Milton Erickson.

Después de que estos estudios iniciales fueron publicados, Grinder y Bandler continuaron su trabajo, esta vez formando técnicas de modelado y añadiendo contribuciones al campo. Habría varios libros publicados por los dos hombres y otros colaboradores, incluyendo *Frogs into Princes ("De Sapos A Príncipes")* publicado en 1979 por Bandler y Grindle, *Neuro-Linguistic Programming Vol. I* publicado en 1980 por Dilts, Grinder, Bandler, y Delozier, *Reframing ("Reestructuración")* publicado en 1982 por Bandler and Grinder, y *Using Your Brain* ("*Usando tu Cerebro*") publicado en 1985 por Bandler.

Aunque el estudio en este campo ha sido breve, los avances y la comprensión han sido enormes. Hay muchas aplicaciones para la PNL en el mundo de hoy, cada una de ellas utilizando las poderosas herramientas y habilidades para enviar un mensaje y una comunicación clara. Entre las áreas en las que se puede aplicar la PNL se encuentran la crianza de los hijos, la psicoterapia, el coaching de vida, la superación personal, el asesoramiento, las ventas, la creatividad, la salud, la educación, la gerencia y el derecho.

Más recientemente, la evolución de la PNL ha continuado. La década de 1990 marcó el comienzo de una nueva era de PNL, que utiliza un enfoque sistémico para ayudar a las personas a comprender su verdadera identidad y lograr su misión. Uno de los trabajos más referenciados sobre los estudios actuales de PNL es *PNL II. The Next Generation – Enriching the Study of Subjective Experience* ("*La Próxima Generación - Enriqueciendo el Estudio de la Experiencia Subjetiva*") por Dilts, DeLozier y Dilts.

¿Qué tienen que ver el aprendizaje de la persuasión y el control mental con la PNL?

Cuando la PNL se combina con técnicas de persuasión y control mental, crea una forma muy efectiva de manipular a las personas que te rodean. A medida que aprendes más sobre la mente humana y cómo funciona, te das cuenta de la experiencia única de cada individuo. Este conocimiento te permite entender cómo piensan, cómo aprenden, cómo se comunican y qué factores internos influyen en sus patrones de pensamiento y comportamiento. Una vez que hayas formado este marco de entendimiento, puedes usar técnicas de persuasión y control mental de manera más efectiva. En lugar de elegir métodos típicamente eficaces que pueden o no funcionar, puedes elegir un enfoque específico que te permita aprovechar la experiencia subjetiva de alguien.

Tendrás una mayor comprensión de la experiencia humana

Tómate un momento para considerar que dos personas que tuvieran la misma capacidad mental y física intenten la misma tarea. Aunque parecería que estas dos personas eran adecuadas para el trabajo, una fue más exitosa que la otra. ¿Dónde estaría la diferencia? La programación neurolingüística puede describirse como la experiencia subjetiva que tiene una persona. Esta experiencia subjetiva es única sólo para ellos, ya que ninguna persona experimenta la vida de la misma manera. Por ejemplo, incluso cuando dos gemelos son criados por la misma familia, cada uno puede tener una interacción diferente con sus padres. Esta diferencia en la interacción da forma a su experiencia subjetiva, de modo que cada gemelo se convierte en un individuo a pesar de las similitudes en la crianza.

Al comprender la serie única de pasos por los que pasa una persona al tomar la decisión de hacer algo, puedes empezar a construir un mapa. Esto se hace usando secuencias de PNL. A menudo, las personas no son conscientes de los muchos factores que influyen en su experiencia humana. Un comportamiento tan simple como encender un interruptor de luz desencadena una serie de decisiones que reflejan cada una, un aspecto diferente de la experiencia humana. Una secuencia que describa la acción de encender un interruptor de luz podría verse así:

Ve > Ad > K- > K

Estas letras pueden significar-

- Ve - Esto es lo visual externo. Describe la decisión inicial de encender una luz, al decidir que hay una cantidad inadecuada de luz en la habitación.

- Ad - Esta es la auto comunicación interna que un individuo puede tener. Pueden pensar que "está muy oscuro en esta habitación".

- K- - Este es un sentimiento kinestésico negativo. Puede ser molestia o incomodidad como resultado de estar en una habitación oscura.

- K - Esto describe el último paso kinestésico del movimiento. Es la acción física y la respuesta kinestésica positiva que resulta cuando se enciende la luz.

La mayoría de las personas no son conscientes de estos procesos, ya que ocurren a lo largo del día y cada decisión y cada factor ocurren en una fracción de segundo. Esta es sólo una pequeña secuencia; hay miles, incluso millones de estrategias que los humanos pueden aplicar a la experiencia humana. Simplemente no son conscientes de que esto está sucediendo.

Con una comprensión más profunda de la forma en que funciona la mente humana, te encontrarás mejor preparado para notar y usar los patrones de comportamiento de las personas que te rodean. A medida que notes estas cosas, empezarás a crear un plano de sus mentes. A medida que tu comprensión de su experiencia crezca, también lo hará tu habilidad para usar técnicas de persuasión y control mental que funcionen.

Puedes romper la barrera de la comunicación.

Uno de los problemas que existen en la sociedad actual es la incapacidad de entender el verdadero mensaje que alguien está enviando. No es raro que las personas se centren en la parte verbal de la comunicación, es decir, en las palabras que realmente se dicen. Escuchan las palabras de otras personas y esperan encontrar un significado mientras elaboran una respuesta que creen que transmitirá su mensaje. Sin embargo, una investigación realizada en la década de 1970 muestra que sólo el 7% del verdadero significado del mensaje de una persona puede entenderse escuchando sus palabras. El otro 93% proviene de otros factores: las micro expresiones en la cara, el tono de voz, la velocidad del habla y otras señales no verbales. También hay una enorme cantidad de comunicación que ocurre dentro de una persona: su mentalidad interna, sentimientos y actitudes influyen fuertemente en el mensaje que están tratando de enviar.

Al aprender a entender el verdadero significado de lo que la gente está comunicando, puedes aprender más sobre cómo interactuar con ellos de una manera que te beneficie a ti. A medida que entiendes el verdadero significado detrás de la comunicación de alguien, aprendes más sobre ellos y la forma en que piensan. Tal vez puedas entender mejor sus necesidades o cómo aclarar las tuyas. Esto crea un canal de comunicación más profundo que el que se experimenta con la interacción humana promedio.

Obtendrás la habilidad de manipular

Los vendedores, psicólogos y otros que pueden usar la manipulación en su línea de trabajo te dirán que no existe un método único de persuasión o control mental que funcione a la perfección. A menudo hacen un perfil de la persona con la que están hablando, usando pistas de la ropa que llevan puesta, cómo se peina su cabello, la forma en que hablan y su carácter general para ayudarles a decidir qué técnica de manipulación es la mejor. Por ejemplo, un vendedor de autos que está tratando de vender un SUV a una pareja joven podría notar el pelo de perro en su ropa y notar el amplio espacio en la parte trasera que es perfecto para transportar todo, desde equipo hasta mascotas.

La ética de la manipulación y el control mental

La manipulación, el control mental e incluso el simple arte de la persuasión tienen un lado ético y otro no ético. Como con todo, la ética detrás de la manipulación y el control mental depende de cómo se esté usando. Considere cómo se pueden usar las armas. En un extremo del espectro están las personas que están tratando de declararse a sí mismos y proporcionar alimentos. Por otro lado, hay personas que pueden usar armas para amenazar o hacer daño a otros. Lo mismo ocurre con las técnicas de manipulación: se pueden usar de una manera honesta, ética y con buenas intenciones, o se pueden usar de una manera perjudicial.

A medida que leas, las estrategias discutidas no deben ser usadas para coaccionar o manipular a alguien de una manera que altere su comportamiento típico. He aquí algunos ejemplos de formas potencialmente poco éticas en las que se puede utilizar la manipulación:

• El Trato Silencioso - Este tipo de manipulación tiene la intención de poner a alguien en un estado de incertidumbre. El manipulador no se comunica verbalmente contigo ni responde a correos electrónicos, mensajes de texto, llamadas y otras llamadas, incluso si estás siendo razonable. El silencio se utiliza como un medio de presión y a menudo crean una condición para ayudar a aliviar esa incertidumbre una vez que deciden volver a hablar contigo.

• Crítica Constante - La gente naturalmente tiene dificultades para discutir con personas que ven como superiores, especialmente en el caso de la autoridad. Sin embargo, esta superioridad también puede ser establecida por manipuladores que constantemente te juzgan o critican. Al menospreciarte, se están fortaleciendo a sí mismos.

• Miedo y Alivio - El miedo es una emoción fuerte, sólo piense en la última vez que se sintió aterrorizado por algo o tuvo que enfrentar una fobia. Una técnica es crear un miedo sobre algo, y luego aparecer con una solución o una forma de aliviar el estrés causado.

• Actuar como Ignorante - Esto se refiere a hacerse el tonto. Para los manipuladores, esta es una herramienta útil cuando intentan evitar una obligación, ocultar algo o retrasar algo. Un ejemplo clásico es un cónyuge que finge que no sabe de qué está hablando su cónyuge cuando es confrontado por los cargos de la habitación de hotel en la factura de su tarjeta de crédito o ignora a su cónyuge mientras que ellos suspiran en voz alta, trayendo la tercera carga de víveres que han sacado del automóvil.

● Crear Culpabilidad funciona mejor en situaciones en las que la otra persona ha hecho algo malo (o puede ser manipulada para creer que ha hecho algo malo). Una vez que se encuentran en este estado de ánimo, querrán compensar lo que han hecho mal, haciendo lo que se les ha insinuado normalmente.

● Actuar Como Víctima - La carta de víctima es típicamente la favorita entre los narcisistas, quienes culpan al mundo que los rodea por las cosas negativas que suceden en sus vidas. También se usa comúnmente para hacer que una persona se sienta culpable o como si pudiera hacer algo para ayudar. No es raro que los manipuladores usen asuntos personales imaginarios o exagerados en su manipulación, especialmente cuando están tratando de obtener simpatía o favores de los demás.

● "*Gaslighting*" - Término también conocido como hacer luz de gas, describe la acción de crear una respuesta en otra persona. Los manipuladores pueden burlarse de las inseguridades de alguien, decir algo para provocar una respuesta emocional o ser ofensivos de una manera que haga enojar a la otra persona. Una vez que están molestos, el manipulador sólo alimenta el fuego, luego culpa a la persona que está manipulando por la forma en que respondió y por 'empezar' el problema.

- Decisiones con presión - Si alguna vez te has precipitado en una decisión, entonces sabes lo difícil que es pensar racionalmente cuando estás bajo presión. Esta es una táctica común empleada por los vendedores: pueden apurarte para que digas "sí" a lo que sea que estén vendiendo antes de que hayas hecho tu investigación. También puede ser empleada por manipuladores que están tratando de conseguir que estés de acuerdo con algo.

- Sobrecargar de Información - Si alguien se te acerca para hablarte de un candidato político, puede ser que te empiece a decir los hechos que el candidato apoya, contra quién se está postulando, y cómo su oponente es una mala persona o ha tomado malas decisiones en el pasado. La esperanza de abrumar a alguien con información es sobrecargar su capacidad de procesarlo todo, dejándolo vulnerable a la persuasión.

- Sobrecargar con Normas - En algunas situaciones, los manipuladores pueden enumerar todas las cosas que tienes que hacer para lograr algo como un elemento para disuadir de realizar esa acción. Ellos pueden señalar los comités que se deben pasar por alto, los procedimientos que se deben hacer, las leyes que están en su lugar, el papeleo que se debe completar y otras cosas que se deben hacer para hacer algo posible. Una esposa que no quiere que su esposo construya un garaje puede hacerlo diciéndole que hay leyes de zonificación, que tiene que obtener la aprobación de la asociación de propietarios, que tiene que llenar el papeleo para los materiales y que tiene que obtener un préstamo bancario antes de que pueda comenzar con el proyecto.

Aunque la mayoría estaría de acuerdo en que algunas de las tácticas anteriores son generalmente poco éticas, eso no significa que nunca sean apropiadas. Considera por un momento que tuvieras un amigo con un niño enfermo y que no pudieran pagar los medicamentos. Quieren robar un banco por dinero. En esta situación, si no pudieras persuadir racionalmente a tu amigo para que deje de comportarse así, ¿estaría mal usar la culpa? ¿Sería poco ético decirles que probablemente los van a atrapar y que entonces su hijo no tendrá un padre, ni sus medicamentos? Para la mayoría de las personas, esta es una situación en la que la manipulación es casi necesaria para prevenir resultados negativos para muchas de las personas involucradas, incluyendo a su amigo, al hijo de su amigo y a cualquier persona que pueda estar en el banco.

Ya que no es claro, es importante desarrollar un sistema que se pueda emplear para usar éticamente la manipulación y las tácticas de control mental. Antes de usar las estrategias proporcionadas en los siguientes capítulos de este libro, haz las siguientes preguntas:

1. ¿Cuál es la intención de persuadir a esa persona? ¿Cuál es mi objetivo?

2. ¿La manipulación que estoy usando es transparente y veraz? ¿O estoy tratando de convencerlos con engaños?

3. ¿Hay algún beneficio para la persona que estoy tratando de manipular? ¿Beneficia a alguien más (o al bien común)?

Volviendo al ejemplo del amigo que quería robar un banco, las tácticas manipuladoras habrían sido apropiadas. La manipulación tenía la intención de prevenir resultados negativos, tales como tiempo en la cárcel, muerte, la pérdida de un padre, u otros resultados imprevistos. La técnica de la culpabilidad es veraz y transparente, siendo utilizada para influir en la actitud del amigo y hacer ver que lo que está haciendo no es una buena solución. Finalmente, usar la manipulación en esta situación beneficia a todos los involucrados, incluyendo al individuo, a su hijo y al bien común.

Capítulo 2: Beneficios de Dominar la PNL, la Persuasión y el Control Mental

Muchos de los cursos de PNL, persuasión, control mental y manipulación que encuentras en línea van a prometer resultados casi instantáneos. La realidad es que se necesita tiempo para entender y mapear la mente humana. El uso de la PNL y las estrategias de control mental tienen que ver con la progresión. Si bien es posible que puedas detectar indicios a simple vista que te permitan persuadir incluso a un completo desconocido, con el tiempo desarrollarás un conocimiento colectivo. Dicho esto, el verdadero dominio de las técnicas de PNL, persuasión, manipulación y control mental toma tiempo. Como con todo lo que lleva tiempo, es fácil comprometerse con el reto cuando se sabe lo que se puede ganar. Aquí hay algunas maneras obvias (y no tan obvias) en las que el dominio de las técnicas en los capítulos siguientes puede cambiar tu vida.

Mayor Capacidad de Aprendizaje

A medida que entiendas más sobre el funcionamiento interno de tu mente, te encontrarás mejor capacitado para entender temas difíciles. La PNL beneficia el proceso de aprendizaje porque te ayuda a entender cómo aprender mejor. De acuerdo con el modelo VARK de estilos de aprendizaje, por ejemplo, las personas aprenden fundamentalmente bien utilizando una combinación de aprendizaje visual (ver), auditivo (oír), de lectura/escritura y kinestésico (práctico). Aunque la mayoría utiliza una combinación de técnicas, la mayoría de los individuos tienen una fuerte preferencia por uno o dos de estos estilos. Cuando aprenden temas complejos, pueden aumentar su comprensión eligiendo un método que les permita utilizar el estilo de aprendizaje preferido por su cerebro. Ser consciente de tu capacidad de aprender no sólo te ayuda a entender más, sino que también aumenta tu retención de memoria.

Mayor Capacidad para Manejar Problemas Mentales

La programación neurolingüística puede combinarse con técnicas de control mental para que las utilices contigo mismo. Esto puede ayudar a interrumpir los patrones de pensamiento negativos que son comunes con la ansiedad y la depresión. Estas habilidades también son útiles para superar hábitos negativos, comer en exceso y diferentes tipos de adicciones. Este beneficio proviene del enfoque que permite abordar los patrones de pensamiento. Para la mayoría de las personas, cambiar los patrones de pensamiento es más fácil que simplemente cambiar el comportamiento. La creación de nuevos patrones de pensamiento en el cerebro es otra parte de este proceso.

Mayor Conciencia de Cuándo las Técnicas de Manipulación son Utilizadas en ti

No son sólo las personas con buenas intenciones las que pueden ser maestros en la manipulación. Algunas personas aprenden a manipular fácilmente a lo largo de su vida, mientras que otras poseen las habilidades del carisma, el encanto y el deseo de someter a los que las rodean a su voluntad a una edad temprana. Al entender cómo se hace la manipulación, incrementas tu conciencia de tus interacciones con las personas que te rodean. También notará rasgos de personalidad y señales de que estás siendo manipulado. Aprenderás más sobre estas señales más adelante en el libro.

Mejor Capacidad para Evaluar las Relaciones

La realidad es que la mayoría de las personas no saben cuándo están siendo manipuladas. Incluso puedes encontrar que hay alguien en tu vida que te está manipulando, ya sea un pariente, un amigo, un compañero de trabajo o incluso tu pareja. Al aprender a reconocer las señales de manipulación y control mental de la PNL, puedes eliminar a las personas tóxicas de tu vida. Con el tiempo, construirás una red positiva de personas que te ayudarán en tu camino hacia la excelencia.

Puedes Sobresalir en el Trabajo

Las personas que dominan técnicas como la PNL y la manipulación sobresalen en el lugar de trabajo. A menudo trabajan bien con los equipos, tienen una ventaja cuando se trata de convencer a los clientes potenciales para que utilicen sus servicios o productos, y tienen las habilidades para reconocer y hablar de los problemas que hay. Al sumergirte en tu papel de líder natural, las habilidades que se ofrecen en este libro pueden ayudarte a interactuar con tus compañeros de trabajo de una manera que te haga avanzar rápidamente en el escalafón de tu organización.

Mejor Capacidad de Persuasión

No puedes eliminar completamente las interacciones humanas de tu vida. Como la mayoría de las personas no pueden evitar interactuar con las personas que les rodean, en el trabajo, en casa y en la calle, es mejor saber cómo interactuar con estas personas. A medida que persuades a la gente para que te ayude a concentrarte en tu meta (y en la de ellos mismos), esto ayuda a impulsar a todos los que te rodean hacia la excelencia. Esta persuasión puede ser usada para crear relaciones más fuertes, sobresalir en el lugar de trabajo, probar cosas nuevas y más.

Mayor Empatía

Uno de los beneficios de entender la PNL es que da una mayor comprensión sobre la experiencia humana y cómo ésta moldea la percepción. Además de entender cómo funciona tu propia mente, la PNL te da una idea de cómo operan las mentes de los demás. Esto significa que mientras que no puedes ponerte 100% en sus zapatos y entender su situación exacta, puedes tener empatía por su situación.

Mayor Control sobre las Reacciones Emocionales

Las reacciones emocionales a menudo parecen instantáneas. ¿Alguna vez has recibido noticias repentinas y has sentido una fuerte oleada de emoción corriendo por tu cuerpo, ni siquiera un segundo después? Cuando aprendes la manera en que la mente trabaja para desencadenar esa respuesta emocional, aprendes a controlar mejor la manera en que reaccionas en diferentes situaciones. Esto te da poder en momentos de estrés y puede ayudarte a ocultar tus emociones cuando lo necesites. Por ejemplo, es posible que quieras parecer fuerte en el trabajo aunque estés pasando por una crisis personal.

Mayor Capacidad para Alcanzar tus Metas

El punto principal de dominar la manipulación y la PNL es el de convertirte en la mejor versión de ti mismo que puedas ser. Al dominar las técnicas de este libro, aprenderás a convencer a la gente para que te ayude a alcanzar tus metas. También aprenderás a convencer a tu propia mente para que te ayude a alcanzar tus metas, logrando un estado de excelencia. Con tu cuerpo, mente y las personas que te rodean, todos compatibles con lo que estás tratando de lograr, encontrarás que no hay nada en la vida que no puedas hacer. Podrás alcanzar metas en todas las áreas, desde las académicas y profesionales hasta las relacionadas con tu estado físico y tu vida personal.

Mayor Autoconfianza

A medida que continúas alcanzando metas y aprendiendo más sobre tus fortalezas, desarrollarás una mayor confianza en ti mismo. Además, te encontrarás mejor preparado para lidiar con las cosas que no te hacen sentir seguro. Esto incluye comprender tus defectos y por qué pueden existir, así como tomar las medidas para superarlos. Esta mayor confianza en ti mismo fluirá en todas las áreas de tu vida. Aprenderás a hablar en las relaciones que no te convienen y tendrás la confianza para buscar a las personas que te interesan. También tendrás la confianza para asumir proyectos más exigentes en el trabajo (y tener éxito).

Mayor Capacidad para Leer a la Gente y Construir Relaciones

A medida que aprendas más sobre la PNL y la manipulación, empezarás a notar cómo la apariencia de las personas, los gestos y otras comunicaciones no verbales envían mensajes sobre quiénes son. Esto te dará la capacidad de persuadir incluso cuando conozcas a alguien por primera vez. También tendrás la capacidad de sentar las bases para construir relaciones, incluso poco después de conocer a alguien. Esto ayuda a crear conexiones que serán útiles, tanto en tu vida personal como profesional.

Capítulo 3: Los Fundamentos de la Programación Neurolingüística

Aunque la programación neurolingüística puede ser usada para entender la experiencia única de otros y cómo afecta sus percepciones del mundo, muchas de sus aplicaciones tienen que ver con el individuo. En teoría, se fundó como el estudio de la "excelencia humana". Entre sus muchas aplicaciones se incluye ayudar a las personas a alcanzar sus metas, superar trastornos psicológicos como la depresión, la ansiedad y las fobias, y aumentar el rendimiento personal en todas las áreas de la vida. Puede ayudar a las personas a sobresalir románticamente, en el trabajo o en su vida diaria.

Suposiciones

Las suposiciones son principios o premisas centrales que las personas generalmente han formado en base a las circunstancias de su vida. Las suposiciones afectan en gran medida la forma en que se percibe algo. A medida que la mente subconsciente recibe información de los cinco sentidos, la filtra utilizando información de experiencias pasadas. Así es como se forman los valores, creencias y actitudes centrales de una persona, y es a través de este filtro que ven el mundo.

Aunque las presuposiciones son determinadas por la mente subconsciente, es posible aumentar el tamaño del mapa mental. Aunque la PNL se centra en la comprensión del mapa actual que existe, eso no significa que no se puedan explorar nuevos territorios o que no se puedan cambiar los caminos existentes.

Principios Básicos de la PNL

1. Fallar no significa que hayas fracasado; sólo significa que no has tenido éxito en tu primer intento. El fracaso no debe ser visto como al-

go que limita tu futura exploración de algo. En cambio, debe ser visto como una oportunidad para aprender de los errores y averiguar qué es lo que funciona.

2. Es importante mantener una mentalidad positiva. Cuando crees que algo te ha pasado que te limita, tómate un momento para estar agradecido por una elección. En algunas situaciones, no hay oportunidad de elección (o cambio) en absoluto.

3. Permanecer flexible es la clave. Te da la oportunidad de probar cosas nuevas cuando algo más no está funcionando. También te impide ser limitado por las elecciones y opciones presentadas a TI en la vida.

4. No estás limitado por nada. Incluso cuando alguien tiene una habilidad, talento o aptitud extraordinaria, el hecho de que sea posible para ellos lograr algo significa que es posible. Si es posible, entonces cualquiera tiene el potencial de aprenderlo.

5. La comunicación produce una respuesta clara. Es importante comunicarse eficazmente si deseas compartir tus pensamientos e ideas. Esto incluye la comunicación verbal, así como el lenguaje corporal.

6. Para utilizar eficazmente la PNL en la comunicación con otras personas, es importante aprender a respetar su visión personal del mundo. Sin entender y usar su modelo, es posible que parezcas brusco o desagradable. Esto no será beneficioso para tu meta, especialmente si estás tratando de ganarte su confianza o convencerlos de que hagan algo.

7. Para entender el comportamiento, debes entender las intenciones positivas. En el ejemplo anterior en el libro donde el padre consideró robar dinero para conseguir medicamentos para su hijo enfermo, la intención positiva era ese deseo de curar a su hijo.

8. Cada persona es útil. Ya sea que estés considerando tu propio talento o tratando de entender a alguien más, es importante recordar que cada persona tiene valor. Para aprovechar este valor, es importante entender los talentos y contribuciones únicas de la persona.

PNL en Acción

Echemos un vistazo a cómo la PNL puede funcionar en la práctica. Imagina que hay dos personas, la Persona A y la Persona B. A cada una de estas personas se le muestra una serpiente. Mientras que la Persona A está aterrorizada por la serpiente y experimenta un latido rápido del corazón y las palmas temblorosas, la Persona B se siente cómoda con la serpiente y tiene el deseo de sostenerla. Está claro que la Persona A tiene un problema con la serpiente; puede que tuviera una serpiente de juguete que le asustaba cuando era niño y sólo la recordaba subconscientemente, o tal vez fue mordida por una serpiente. Sin importar la razón, su mapa mental y la forma en que percibe a las serpientes es diferente de la Persona B.

Para superar el miedo a las serpientes, la PNL puede ayudar a la Persona A a asociar palabras positivas con una serpiente. A medida que estas asociaciones positivas se programan en su cerebro, cambian su mapa mental y la forma en que su cerebro percibe a las serpientes. Con el tiempo, pueden combinar la terminología positiva con experiencias positivas, como disfrutar al observar una serpiente y eventualmente sostener una serpiente.

Al ayudar a las personas a superar las fobias, dándoles a las personas con discapacidades de aprendizaje el enfoque y las herramientas únicas que necesitan para aprender, ayudándolas a mejorar, fomentando el crecimiento personal y la excelencia, ayudar a alguien a sobresalir en felicidad y riqueza y lograr que haga muchas otras cosas; la PNL puede ser utilizada en muchos campos. Se utiliza eficazmente en el mundo de los negocios, la enseñanza, la psicoterapia, las ventas, el coaching para la vida, y mucho más.

Terminología - Una Visión General de las Técnicas de PNL

La mente es un lugar complejo y vasto. Para entender la profundidad de la mente, y para aprender a expandir y cambiar tu mapa mental, es importante entender algunas de las maneras en que la PNL puede ser usada. A medida que entiendas esto, encontrarás una comprensión más profunda de las motivaciones y percepciones de los demás. También puedes empezar a ver las conexiones entre el lenguaje y el pensamiento que existen dentro de la mente de esa persona.

Cómo acceder a las pistas

Las claves de acceso describen la información que tu apariencia transmite sobre el camino del cerebro hacia la información. La investigación más común que se ha realizado ha sido sobre las claves de acceso ocular, que fueron descubiertas por Grinder y Bandler después de varios talleres. El movimiento de los ojos ocurre en patrones cuando la mente está accediendo a la información. Curiosamente, la mano dominante de una persona determina lo que significa cuando sus ojos se mueven al buscar información.

Para una persona diestra:

- Los ojos hacia arriba significa que están visualizando

  - Arriba y a la izquierda significa que se están construyendo imágenes
  - Arriba y a la derecha significa que las imágenes están siendo recordadas

- Los ojos en dirección recta y desenfocados también significa que la persona está visualizando

- Los ojos moviéndose de lado a lado en un plano horizontal indican que la persona está escuchando sonidos o palabras.

- Los ojos moviéndose a la izquierda indican que recuerdas

- Los ojos moviéndose a la derecha indican creación

- Cuando los ojos se mueven hacia abajo y hacia la izquierda, indica que se está experimentando un diálogo interno.

- Cuando los ojos se mueven hacia abajo y hacia la derecha, esto indica que la persona está en modo kinestésico, lo que significa que está más consciente de las sensaciones físicas, movimientos y sentimientos.

Para una persona zurda:

- Los ojos hacia arriba significa que están visualizando
  - Arriba y a la derecha significa que se están construyendo imágenes
  - Arriba y a la izquierda significa que las imágenes están siendo recordadas

- Los ojos en dirección recta y desenfocados también significa que la persona está visualizando

- Los ojos moviéndose de lado a lado en un plano horizontal indican que la persona está escuchando sonidos o palabras.

- Los ojos moviéndose a la derecha indican que se está recordando

- Los ojos moviéndose a la izquierda indican creación

- Cuando los ojos se mueven hacia abajo y hacia la derecha, indica que se está experimentando un diálogo interno.

- Cuando los ojos se mueven hacia abajo y hacia la izquierda, esto indica que la persona está en modo kinestésico, lo que significa que está más consciente de las sensaciones físicas, movimientos y sentimientos.

La clave para usar esta información es entender que cada vez que se recupera un pensamiento o un recuerdo es sólo una parte del proceso. Lo más probable es que los ojos de alguien se muevan en varias direcciones antes de responder a una pregunta o decirte algo. Estos movimientos pueden ser sutiles, por lo que es importante prestar atención.

Cambiando tu mentalidad

Una técnica de PNL utiliza marcos, que son estados conscientes en los que se te pide que reevalúes información o una suposición. Los marcos más comúnmente usados incluyen el marco de *"as-if"* *("como si")*, el marco de *"backtrack"* *("retroceder")*, y el marco de resultados.

El marco mental "como si" instruye a una persona para que actúe como si algo que desea que sea verdad, lo es. En lugar de centrarte en cómo no puedes hacer algo, es útil enmarcar las cosas en tu mente como si fueras bueno en esa tarea. Por ejemplo, podrías ser capaz de superar tu falta de confianza cuando aprendes algo nuevo enmarcando tu mente, para que puedas pensar en las cosas "como si" fueras hábil en esa área.

La mentalidad de "retroceder" requiere que repases la información. Esto se hace de la misma manera que si volvieras a escribir notas después de una reunión. Te da tiempo para procesar la información y pensar en ella. En lugar de asumir que la interpretaste correctamente mientras aún recibías la información, tener la mentalidad de "retroceder" te permite ir más despacio y analizar lo que has escuchado. Cuando se observan otras pistas, es posible que descubras que la información es diferente de cómo la percibías originalmente.

El marco de "resultados" requiere que visualices el resultado deseado. Al pensar en lo que vas a lograr, le das a tu mente la oportunidad de reevaluar lo que sabes y lo que necesitas hacer para alcanzar el resultado deseado, ya sea alcanzar una meta o recordar información específica.

Reformulación de contenido

Esta estrategia describe el esfuerzo consciente para cambiar la manera en que tu mente piensa acerca de algo. Se trata de hacer preguntas como "¿Qué es lo que no he notado?" o "¿Qué más podría significar esto?" Preguntas como estas replantean, ayudándote a redirigir tu enfoque y ofreciéndote una gama más amplia de opciones al analizar contenido.

Por ejemplo, imagina que caminas junto a un compañero de trabajo que siempre te sonríe y te saluda por la mañana, pero que está mirando al suelo y sin darse cuenta del mundo que le rodea. En lugar de asumir que el compañero de trabajo está molesto contigo, podría ser útil reformular el contenido y considerar qué más podría estar sucediendo. ¿Es posible que estén bajo mucho estrés o que estén lidiando con una experiencia dolorosa? ¿Podrían haber estado distraídos ese día?

Reformulación del contexto

Mientras que el replanteamiento del contenido analiza afirmaciones y situaciones específicas, el replanteamiento del contexto analiza los comportamientos. En lugar de enfocarse en el comportamiento específicamente, se considera el contexto y el significado detrás del comportamiento. Es el "por qué" del comportamiento más que el comportamiento en sí mismo.

La reformulación del contexto es muy útil cuando se trata de construir mapas mentales como se hace durante la PNL porque más de un comportamiento puede ser causado por un contexto subyacente. Por ejemplo, alguien que se molesta cuando está cerca de multitudes puede no estar de mal humor, simplemente puede sentirse ansioso. Al entender que esta irritabilidad es causada por la ansiedad y no por estar de mal humor o molesto, también puede explicar la irritabilidad de la persona en otras situaciones cuando está ansiosa, como cuando da una gran presentación.

Eliminación vs. Distorsión vs. Generalización

Estos son los tres procesos que conforman el Meta Modelo de Aprendizaje: eliminación, distorsión y generalización.

La eliminación describe cuándo se omite parte de la experiencia. Esto puede aplicarse a la supresión o alteración de los malos recuerdos. En el caso de una fobia, por ejemplo, aunque la mente pueda borrar o reprimir los detalles de la experiencia traumática, la conexión con el trauma todavía existe. Es por eso que la mente todavía experimenta ansiedad y otras reacciones fóbicas cuando se expone a ciertos estímulos.

Con la distorsión, la mente cree que algo es cierto aunque no lo sea. Esto tiene que ver con la percepción y no siempre ocurre intencionalmente. Por ejemplo, alguien puede ver una tira rizada de neumático de goma en el camino y asumir que es una serpiente cuando la realidad es que es un pedazo de neumático.

Finalmente, con la generalización, la mente relaciona una experiencia única y aislada con todo un grupo. Un fenómeno común que puede ser usado para describir esto es el ageismo, donde la gente asume que la gente puede no ser capaz de hacer algo debido a su edad. Por ejemplo, las personas mayores pueden ser consideradas malos conductores, mientras que se puede asumir que las personas que quedan embarazadas a una edad temprana van a ser malos padres.

Posiciones perceptivas

Las posiciones perceptivas describen la visión que una persona tiene del mundo. A menudo también se le conoce como su Modelo del Mundo.

La Primera Posición describe un estado en el que sólo estás en contacto con tu modelo interior del mundo. En este estado mental, tienes un punto de vista limitado.

La Segunda Posición es el lugar en el que te pones a ti mismo como punto de vista en segunda persona. Esto te permite ver el mundo desde el punto de vista de una persona específica. Es similar al dicho: "Ponte en el lugar de otro".

La Posición Perceptiva describe el punto de vista que tendrías como un observador no involucrado. Te permite ver sólo los hechos de la situación y te aleja de los prejuicios y de la implicación emocional.

Superponer

La estrategia de superposición se utiliza para crear una coincidencia entre la información que ya se conoce y aquella a la que se intenta acceder. Por ejemplo, imagina que estás tratando de acceder a información que entenderías usando el sentido del olfato (olfativo), pero tu sistema de representación preferido es el kinestésico. Es posible que te visualices caminando (kinestésicamente) por la playa y escuchando a los pájaros. Luego, sientes la arena fresca y húmeda que se aplasta bajo tus pies. Hueles el agua salada y eres transportado de vuelta al recuerdo de tu boda en la playa.

Otras Terminologías y Técnicas de PNL que son de Utilidad de Entender

- Claves de Acceso - Además de los movimientos oculares, las claves de acceso incluyen otras señales externas que dan pistas sobre el proceso de pensamiento interno de alguien. Esto incluye patrones en la postura, gestos y respiración también.

- Anclaje - Esta técnica puede ser usada para crear una respuesta específica en alguien. La mente está programada para responder de cierta manera. Esto puede ocurrir naturalmente en alguien con una fobia; ver lo que le asusta desencadena su ansiedad. Hablaremos más sobre cómo poner en práctica esta técnica en el capítulo sobre control mental.

- Asociaciones - son una parte importante de la PNL. Las asociaciones que tu mente crea determinan en última instancia tus percepciones en la vida. Describen tu relación auditiva, kinestésica y visual con lo que sucede fuera de ti.

- Comportamiento - El comportamiento es la acción externa que puede ser verificada. A veces se le llama "el externo verificable".

- Equivalencia Compleja - Esto describe la idea de que dos afirmaciones significan lo mismo. Por ejemplo, alguien puede vincular las afirmaciones "Mi cónyuge está enfadado conmigo" y "Mi cónyuge no me sonrió cuando entré por la puerta" porque cree que ambos están relacionados.

- Congruencia - Esto ocurre cuando el externo verificable de una persona coincide con las palabras que dice.

- Consciente - habla de lo que una persona está consciente actualmente. Es su experiencia y la parte de la mente donde pueden 'escucharse' a sí mismos pensar.

- Análisis Contrastante - Se utiliza cuando se comparan y analizan dos submodalidades para obtener información que las hace diferentes. Por ejemplo, alguien a quien no le gusta el yogur pero le encanta el helado, que son productos lácteos endulzados, puede compararlos y contrastarlos para ver qué es lo que en su mente está causando su desagrado por el yogur.

- Imitación Cruzada - Esta es la combinación de usar un movimiento físico con un comportamiento externo, combinando los dos aunque no estén relacionados. Por ejemplo, durante una sesión hipnótica, un terapeuta puede mover el dedo para asemejarse al acto físico de la respiración del cliente.

- Estructura Profunda - La estructura profunda de una oración describe el significado inconsciente detrás de una frase. Es el marco subyacente detrás de la afirmación de alguien y considera su contexto fuera de la conciencia consciente.

• Desasociación - La Desasociación describe tu relación con una experiencia. Por ejemplo, puedes contemplar un recuerdo pero ver tu cuerpo en lugar de verlo a través de tus propios ojos. Esto representa una desconexión en alguna parte.

• Tiempo de inactividad - Esto describe un tiempo cuando lo consciente entra en la mente. Aquí es donde puedes ir para conectarte con información interna y tus verdaderos sentimientos. La información recopilada durante el tiempo de inactividad es increíblemente útil para construir un marco de trabajo para la mente y comprender las conexiones.

• Conductores - Los conductores son la razón detrás de la formación de la conexión. Representan el razonamiento, la intención y el propósito.

• Ecología - La ecología describe el aspecto de consecuencia de la toma de decisiones. Cuando decides algo, hay varias consecuencias para ti mismo, así como para tu negocio, tu familia, los demás involucrados, la sociedad e incluso el planeta en general.

• Elicitación - Esto es comúnmente usado en técnicas de control mental para inducir cierto estado en un cliente. También se puede utilizar para describir el acto de recopilar información observando el comportamiento de los clientes o haciendo preguntas.

• Epistemología - Este es el estudio para determinar cómo las personas saben las cosas que saben.

- Incongruencia - Una inconsistencia entre las palabras de una persona y su comportamiento.

- Representación Interna - Este es el contenido de nuestros pensamientos en su totalidad. Además de la información que recibimos de los sentidos, incluye el diálogo personal que incluimos conscientemente. Las representaciones internas son también sonidos, imágenes, sentimientos, olores, sabores y emociones que creamos.

- Liderar - Liderar es una táctica útil en la manipulación y la persuasión. Implica cambiar tu comportamiento de tal manera que la persona con la que estás interactuando cambie su comportamiento. Por ejemplo, alguien podría aliviar el conflicto al dirigir con un enfoque más tranquilo.

- Sistema de Pistas - El sistema de pistas describe las conexiones que existen en el cerebro. Esencialmente, el camino que seguimos en el cerebro para encontrar ciertas conexiones se encuentra dentro del sistema de pistas. La serie de patrones que tu ojo crea mientras accede a la información determina por dónde se está moviendo a través del sistema de pistas.

- Igualar - Esta técnica, también llamada "*mirroring*", se utiliza para imitar la emoción de otra persona. El mimetismo nos hace parecer más como la otra persona. Como la gente tiene un 'gusto' general por ellos mismos, les gusta la gente que es similar a ellos. Esto es útil para establecer una relación y establecer confianza, especialmente cuando estás persuadiendo a alguien.

- Metáfora - La PNL a menudo usa metáforas para ayudar a la gente a entender información específica. Si tienen una aversión subconsciente a algo, al usar palabras diferentes haciendo una conexión diferente, la resistencia a las palabras que se usan puede ser evadida.

- Meta Modelo - El Meta Modelo del lenguaje se utiliza en la PNL para reconocer distorsiones, eliminaciones y generalizaciones. También te ayuda a construir las herramientas necesarias para aclarar el lenguaje impreciso.

- Modelo Milton - El Modelo Milton se utiliza en la PNL para ayudar a las personas a alcanzar sus recursos inconscientes. A menudo se basa en patrones de lenguaje abstracto que son ambiguos para tu experiencia de vida.

- Modelo Operador - Se usa para describir relaciones de palabras que definen diferentes partes de nuestras vidas. El Modelo Operador de Posibilidad se aplica a las palabras que representan la posibilidad de algo, tales como 'puede' y 'no puede'. El Modelo Operador de Necesidad describe palabras que se relacionan con las reglas que tenemos que seguir en la vida, tales como 'tener que', 'deber', 'debería'.

- Partes - Las partes discutidas en PNL son valores conflictivos en la mente, que se almacenan en diferentes "trozos" de información. Estos valores contradictorios explican las incongruencias en el comportamiento.

- Sistema de representación preferido - Esto es único para cada persona. Describe su método preferido de pensar. También les ayuda a organizar experiencias dentro de su cerebro.

- Recursos - En PNL, los recursos que se describen son los medios y estrategias que cada persona tiene para lograr los resultados deseados y crear cambios internos. Esto incluye cambios en los estados, estrategias, creencias, actitudes, valores y fisiología.

- Estado con Recursos - Un estado con recursos es aquel en el que una persona tiene a su disposición estrategias y emociones útiles y positivas. Esto aumenta las posibilidades de que el resultado deseado sea exitoso.

- Descripción Basada en los Sentidos - Una descripción basada en los sentidos debe hacerse sin hacer suposiciones sobre el estado mental de la otra persona o permitir que nuestras mentes alteren las percepciones. En lugar de suponer que alguien está contento, por ejemplo, se diría que su boca está curvada hacia arriba en los extremos y que tiene una cara simétrica.

- Estado - El estado describe una cierta conciencia de la mente o una condición emocional interna. Un estado puede ser algo así como estar en un estado mental sugestivo o ser consciente de tu presencia. También puede ser un estado emocional, como estar en un estado feliz, enojado o triste. La PNL también se centra en lograr un estado de excelencia, que es la cima del funcionamiento de tu mente.

- Estructura de la Superficie - La estructura de la superficie es el significado básico de una afirmación o la forma en que se pretende recibir basándose únicamente en las palabras. Deja fuera el contexto y la comprensión que viene con la estructura profunda.

- Línea de Tiempo - Otro enfoque posible de PNL es la Terapia de Línea de Tiempo, que hace uso de la línea de tiempo. Esencialmente, la línea de tiempo describe los recuerdos del pasado, presente y futuro. Con la terapia de línea de tiempo, el objetivo es liberar los recuerdos negativos y las asociaciones para dejar de limitar las decisiones, con la intención final de crear un futuro más positivo.

- Trance - El Trance puede ser usado para describir cualquier estado mental alterado. Para los efectos de la hipnosis, la PNL y el control mental, se utiliza comúnmente para crear un estado de enfoque interior de un solo punto.

- Inconsciente - El inconsciente, o subconsciente, describe el estado de tu mente del que no eres consciente. Es el área donde se recuperan los recuerdos y se crean las percepciones.

- Tiempo de Actividad - A diferencia del tiempo de inactividad, el tiempo de actividad describe un estado mental en el que tienes un enfoque externo.

Al desarrollar una comprensión de las diferentes técnicas de PNL y cómo pueden ser utilizadas, comenzarás a desarrollar una comprensión de lo que necesitas saber para convertirte en un maestro manipulador.

Capítulo 4: Uso de la Persuasión

Hay dos tipos de persuasión que se usan comúnmente para influir en la actitud o las creencias de alguien: la persuasión que apela a la emoción y la persuasión que se aplica a la lógica o la racionalidad. Aunque generalmente se considera que la persuasión suena menos "amenazante" que la manipulación, puede ser igual de efectiva. De hecho, como la persuasión generalmente utiliza un enfoque más suave, los efectos pueden ser más duraderos que los de la manipulación. Generalmente, la persuasión requiere un cambio de actitud. Los estudiantes aprenden a escribir ensayos persuasivos, en los que se basan en hechos e ideas concretas para apoyar su tesis y persuadir al lector de su opinión. Es un cambio de actitudes y creencias, que ocurre a un nivel más profundo que la manipulación.

La meta de la persuasión es usar el corazón o la mente para influenciar a alguien. El vendedor mencionó anteriormente que persuadió a la pareja al mencionar cómo podían llevar a sus mascotas de un lado a otro, lo cual era atractivo para su mente y para la visión romántica de vivir su vida con su perro a cuestas. Alguien que trata de convencer a un ser querido para que coma mejor, se una a un programa de ejercicios o deje de fumar, llama a su atención señalando de manera casual los beneficios de hacer esas actividades con el tiempo. Otra técnica puede ser apelar al miedo: al hacer ejercicio regularmente, el ser querido puede evitar los hospitales (que odian). Este capítulo repasará algunas de las técnicas de persuasión más comunes. Estos son útiles cuando se trata de lanzar una idea o producto, argumentar un punto, o de otra manera tratar de alcanzar el resultado deseado.

¿Qué es exactamente la persuasión?

Hay varios elementos que hacen de la comunicación un intento de persuasión. Es un proceso simbólico que involucra a alguien que intenta convencer a otra persona o grupo para que cambie sus creencias o actitudes. Para que esto se considere persuasión, y no manipulación u otra técnica, el mensaje de cambiar las creencias o actitudes tiene que estar en una atmósfera que permita a la persona elegir libremente.

Aunque la definición de persuasión ha permanecido igual a lo largo de los años, la exposición de la gente a ella ha aumentado dramáticamente. En promedio, un adulto que vive en los Estados Unidos está expuesto a los mensajes persuasivos de entre 300 y 3.000 anuncios publicitarios, y eso sólo a través de su consumo de medios de comunicación. Eso no incluye los mensajes que están recibiendo de sus seres queridos, de las personas en el trabajo y de otras personas con las que se encuentran a lo largo del día. Mientras que algunos anuncios pueden utilizar tácticas de persuasión que son obvias, otros han comenzado a utilizar un enfoque más sutil. Además de la sutileza, la complejidad también es necesaria para ayudar a que el mensaje llegue a una amplia gama de personas. Esto es lo que hace que conocer a tu público objetivo sea tan importante.

Técnicas de Persuasión

Reciprocidad

El principio de reciprocidad describe el comportamiento humano innato de devolver algo cuando recibimos algo. Esta es la razón por la que los grupos políticos podrían enviar bolígrafos, calcomanías, camisetas u otros "regalos" gratuitos: están tratando de recaudar donaciones. Tampoco es raro que los sitios web distribuyan copias gratuitas de un libro electrónico para convencer a los visitantes de que se inscriban en su lista de correo electrónico.

Para que el principio de reciprocidad sea más efectivo, usted debe dar y luego tratar de persuadir poco después. Esto puede ser obvio a veces (como cuando se piden donaciones). Sin embargo, dado que la persona ya ha aceptado tu ayuda o lo que tuviste que ofrecer, a menudo es efectivo incluso cuando la técnica de persuasión es obvia.

El Principio de la Escasez

La idea detrás del principio de escasez es que hay una disponibilidad limitada de algo. Para ser incluido en el bombo, alguien tiene que tomar la decisión de ser incluido, rápido. Podrías usar esto para convencer a los clientes de que prueben el nuevo software que estás probando o para convencer a tus amigos de que hagan planes contigo, diciéndoles que estás disponible sólo una o dos noches en las próximas semanas, pero que tu horario se está llenando rápidamente, lo que puede hacer que tengan más probabilidades de hacer planes contigo antes de que tú no estés disponible.

La Paradoja de Ellsberg

La Paradoja de Ellsberg aprovecha la aversión natural de la mente humana hacia la incertidumbre. La idea de esta paradoja proviene de experimentos realizados en 1961. Para los estudios, los sujetos de prueba tenían que elegir entre dos urnas que habían sido llenadas con una combinación de bolas rojas y negras. La primera urna contenía una proporción desconocida de bolas rojas y negras, mientras que la segunda contenía cincuenta de cada número. Luego se les pidió a los sujetos que eligieran una urna y adivinaran qué color sería extraído, aquellos que estuvieran en lo correcto recibirían $100, mientras que aquellos que no lo estuvieran no recibirían nada. Los participantes abrumadoramente eligieron la segunda urna, con un 50-50 de posibilidades de ganar, en lugar de tomar el riesgo desconocido de ir con la primera urna.

Este estudio representa la falta de voluntad de la mente humana para tomar riesgos cuando son innecesarios. Al crear el riesgo de incertidumbre, aumenta la probabilidad de que la gente se deje llevar por la siguiente mejor opción. Una vez que estén en este estado, puedes convencerlos de tu "solución".

Fenómeno de Manos Calientes

El fenómeno de la mano caliente describe la creencia subconsciente de que la gente tiene vetas "ganadoras". Generalmente, cuando alguien hace algo bien, se espera que siga haciéndolo bien. Esto se explica por el dicho común: "El éxito engendra éxito". También describe por qué las personas que practican deportes como el baloncesto suelen pasar la pelota al mismo jugador. Aunque las estadísticas muestran que ningún jugador ha logrado el 100% de sus tiros, ellos asumen que la persona que está en una racha ganadora para el juego continuará haciendo tiros ganadores. Puedes sacar provecho de esta técnica persuasiva de manera más efectiva después de que alguien haya experimentado una especie de victoria.

Influencia Social

La estrategia de influencia social implica el uso de la influencia de los compañeros de alguien para influir en sus actitudes o creencias. La influencia social, o prueba social, se basa en la manera en que los comportamientos, opiniones y emociones son influenciados por las personas a tu alrededor. Esto funciona de varias maneras. Los seres humanos son naturalmente criaturas sociales, por lo que les gusta tener la confianza de sus pares. Para ser vistos como "normales", para encajar y ser como las personas que admiran o que les gustan, es más probable que compartan actitudes, comportamientos y opiniones con las personas cercanas a ellos.

Piensa en la forma en que un adolescente es a menudo presionado a pedir su primer teléfono celular. Pueden protestar si sus padres dicen "no", insistiendo en que todos sus amigos tienen uno. Si estás tratando de despertar el interés de alguien, puede ser beneficioso presentar el tema de una manera con la que sus amigos puedan estar de acuerdo. Por ejemplo, presentar la idea de cueros veganos a personas que tienen amigos conscientes de la ecología. Los testimonios son otra forma común de convencer a la gente para que haga algo. Piensa en la forma en que los productos antienvejecimiento, para adelgazar y otros productos de belleza suelen tener fotos de antes y después, demostrando que funcionan entre los compañeros de alguien (personas que luchan con los mismos problemas que ellos).

Compromiso y Consistencia

Como aprendiste en el capítulo sobre PNL, la mente humana depende de patrones para ayudarla a entender el mundo. El mundo que nos rodea está construido sobre una serie de patrones y nuestra mente se basa en patrones para almacenar, acceder e interpretar la información. Esta es la razón por la que la gente tiene problemas para cambiar sus creencias. Por ejemplo, la política es un área en la que es difícil hacer cambiar de opinión a la gente. A menudo, harán todo lo posible para demostrar que su equipo es el mejor candidato para el trabajo o desacreditar al otro equipo. Es la naturaleza humana querer creer que hemos tomado la mejor decisión. A medida que nos tranquilizamos, decidimos conscientemente continuar por cualquier camino que hayamos elegido.

Esta técnica se utiliza más a menudo introduciendo primero sólo una pequeña parte de una idea. Algunas de las primeras investigaciones sobre el principio de compromiso y coherencia fueron llevadas a cabo por Jonathan Freedman y Scott Fraser a mediados de la década de 1960. Un investigador 'voluntario' fue de puerta en puerta en un vecindario y pidió que pusieran un letrero grande en su jardín. El letrero estaba mal diseñado con letras amateur y decía, "CONDUZCA CUIDADOSAMENTE". No lograron convencer a la mayoría de los propietarios, ya que sólo el 17% estaba de acuerdo en que se coloque el letrero. Para la segunda parte del experimento, se eligió un barrio similar, y el investigador volvió a ir de puerta en puerta, esta vez solicitando colocar un pequeño letrero que dijera: "Conduce con cuidado". Casi todas las casas en el área estuvieron de acuerdo con la colocación de este letrero de 3 pulgadas. Cuando el mismo investigador se acercó dos semanas después y pidió que se colocara el letrero más grande, el 76% estuvo de acuerdo. Esta es una cantidad significativamente mayor que la del primer grupo de investigación. La razón por la que la táctica fue más efectiva fue porque los propietarios querían mantener su compromiso de promover la conducción segura.

Uso de la Autoridad

Las personas son más propensas a hacer cosas por aquellos a quienes ven como figuras autoritarias. Esta es la razón por la que la gente obedece a personas como la policía y los niños escuchan a los maestros y a sus padres. Uno de los estudios más famosos realizado sobre la autoridad fue realizado por Stanley Milgram. Los participantes fueron invitados al laboratorio para ayudar con un experimento de "aprendizaje". Al principio del experimento, dos personas fueron presentadas y escogieron pajitas. El "alumno" es llevado a una sala separada, atado a una silla y conectado a electrodos. Los electrodos estaban conectados a la electricidad de la otra habitación. La otra persona hizo el papel de 'maestro' y siguió las instrucciones que le dio el experimentador, un hombre con una bata de laboratorio gris.

La parte de aprendizaje implicaba que el 'maestro' diera una palabra y que el 'alumno' recordara a la palabra pareja para crear un par a partir de una lista de diferentes opciones. Cada vez que el alumno obtiene una respuesta errónea, el nivel de voltaje en la máquina se eleva y recibe una descarga eléctrica. Había treinta niveles claramente marcados, que iban desde un ligero choque de 15 voltios hasta un botón que se llamaba "Peligro - Choque severo" de 450 voltios. El 'alumno' intencionadamente obtuvo la respuesta equivocada y luego fue 'electrocutado'. El shock fue fingido, pero el 'maestro' no lo sabía.

A través del experimento, cuando el maestro finalmente se detuvo y cuestionó la moralidad del experimento, se utilizó 1 de 4 picanas. Aunque algunos de los 'maestros' se mostraron reacios, todos ellos obedecieron al experimentador y continuaron hasta un nivel de al menos 300 descargas. Alrededor del 65% de los participantes continuaron más allá de esto, llegando al nivel máximo de 450 descargas.

Por lo tanto, se sostiene que cuando tienes autoridad, puedes usarla como una técnica de persuasión. Además de la autoridad que proviene de una posición de poder, también puedes persuadir usando la autoridad que proviene de una posición de conocimiento. Esta es la razón por la que cuando las personas hacen presentaciones o escriben documentos persuasivos, tratan de persuadir usando estadísticas y hechos. Esta información objetiva demuestra su credibilidad y su conocimiento sobre el tema.

Mímica

Cuando imitas a alguien de la manera correcta, puede aumentar tu compenetración o confianza, así como tu confianza y tus sentimientos positivos. Esto se basa en la idea de que la gente inconscientemente responde de una manera más positiva a las personas que actúan como ellos, suenan como ellos y se parecen a ellos.

Un estudio que puso a prueba esta idea fue realizado por Michael Lynn de la Universidad de Cornell. Lynn y su equipo ensamblaron dos grupos de camareros; uno de ellos reconoció los pedidos de los clientes mediante un asentimiento u otro reconocimiento simple y el otro repitió el pedido a los clientes utilizando las mismas palabras que habían utilizado cuando hicieron el pedido. El resultado mostró que la gente prefería a los servidores que los repetían: recibían el 78% de las propinas de los comensales, mientras que el otro grupo sólo recibía el 52% de las propinas.

Otros estudios también han analizado el lenguaje corporal y los gestos, mostrando que la gente tenía más probabilidades de ser convencida (o gustar) de las personas que compartían movimientos comunes con ellos. La clave para dominar esta técnica es aprender a imitar sin que se note. Sin embargo, también debe imitar lo suficientemente pronto como para que la mente subconsciente capte la similitud, aunque la mente consciente no lo haga. Cuando una persona se mueve, usted debe imitar su movimiento sutilmente, aproximadamente 1-2 segundos después. Si se tocan la cara, toca la tuya 1-2 segundos después. Si cruzan las piernas, cruza las piernas en sentido contrario, unos 1-2 segundos después. Sin embargo, es fundamental que no se den cuenta de que estás haciendo esto. No sólo conducirá a una conversación incómoda, sino que tu mimetismo también los dejará sin interés en lo que sea que estés tratando de convencerlos.

Anclaje

La técnica de anclaje para la persuasión implica la creación de un punto focal para ayudar con la persuasión. Debes tener en cuenta que esto es diferente a la técnica de anclaje que se discutirá en el capítulo sobre control mental. Para utilizar esta técnica de anclaje, se crea un punto focal. Por ejemplo, puedes tratar de persuadir a un amigo para que te preste dinero pidiendo un poco más de lo que necesitas. Entonces, cuando digan que no, puedes pedir menos. Ya que se están enfocando en el primer número y saben que se están saliendo con la suya al permitirte pedir menos dinero prestado, están más dispuestos a decir que sí. Esto también funciona cuando se hace algo como negociar el precio de un coche. Si le dices a alguien un número menor del que estás dispuesto a pagar y dejas que te convenzan un poco, terminas pagando la cantidad que originalmente pensabas pagar.

El Principio de Simpatía

El principio de simpatía describe la idea de que a la gente le gustan otras personas que son similares a ellos. Esta es la razón por la que la mímica funciona como una técnica. Además de usar el mimetismo, también notarás que es más probable que la gente esté de acuerdo con las personas que se parecen a ellos o que actúan como ellos. También son más propensos a hacer cosas por las personas que les agradan.

El principio de simpatía es una de las seis técnicas originales de persuasión, según lo discutido por el profesor Robert Cialdini de la Universidad del Estado de Arizona. No sólo incluye ser similar, sino también tu nivel de atractivo, tu encanto natural y las actitudes de la gente hacia ti en general. Por lo tanto, es una buena idea vestirse bien cuando tienes una presentación o estás tratando de persuadir a tu cónyuge de algo. También puedes hacer reír a la gente y usar tu encanto natural para conseguir que hagan las cosas que tú quieres.

Uso de Palabras Sensoriales

¿Estás intentando crear un mensaje que se destaque? El uso de palabras sensoriales puede ser útil para ayudar a la gente a recordar tu mensaje. Por ejemplo, es posible que quieras ayudar a los clientes a usar sus sentidos para visualizar el producto que estás tratando de venderles. Puede que convenzas a tu pareja de unas vacaciones usando los sentidos para que visualice el hecho de estar tumbado en la playa en un lugar cálido, sintiendo el sol caliente en su piel y la transpiración de una bebida fría corriendo por sus manos.

Cuando usas palabras sensoriales, realmente ayudas a tu audiencia a tener una idea de lo que estás diciendo. Puedes usar símiles y metáforas para profundizar el entendimiento y ayudar a que las cosas se afiancen. También puedes usar la imaginación para evocar imágenes específicas y dejar una impresión duradera.

Cómo Elegir una Técnica de Persuasión

Si bien todas las técnicas de persuasión enumeradas anteriormente son eficaces, sólo pueden utilizarse en las circunstancias adecuadas. No puedes usar el mimetismo si te presentas en una sala grande de ejecutivos. En cambio, algo como la Paradoja de Ellsberg u otra técnica sería más eficaz.

Después de haber considerado las circunstancias y lo que podría ser apropiado, considera tu público objetivo. Moldea la técnica de persuasión basada en lo que esperan, cuán similar es la otra persona a ti, y si ya les gustas o no. Al conocer a tu audiencia, también puedes considerar cuidadosamente la elección de palabras, el lenguaje corporal y otros factores que van a afectar la forma en que se recibe tu mensaje.

Capítulo 5: Técnicas de Control Mental

Cuando la gente piensa en el control mental, a menudo evoca imágenes de pensamientos que se proyectan en la cabeza de alguien o de lavado de cerebro. La hipnosis es otra técnica de control mental de uso común, a menudo representada en Hollywood como la de tener el poder de hacer que alguien graznara como un pato o hacer el ridículo de sí mismo. Sin embargo, el control mental va mucho más allá de esto. Hay elementos de control mental en la sociedad cotidiana: te sorprendería saber cuánta televisión y algo así como la "tasa de parpadeo" tiene el potencial de cambiar los patrones de pensamiento de tu cerebro. El ejército también es conocido por su uso del control mental y tiene implicaciones en la educación, la programación, el uso de medicamentos, los deportes, la política y muchas otras áreas de la vida.

Fuera de las prácticas de manipulación, el control mental es una herramienta útil para la terapia. Puede ayudar a las personas a desenterrar emociones y recuerdos reprimidos, lo que puede ayudarles a lidiar con problemas subyacentes. Además, puede ayudar a superar los malos hábitos y crear un estado de ánimo más positivo, particularmente uno que sea útil para alcanzar el estado de excelencia que establece la PNL. Si bien esta es una forma de manipulación, puede ser utilizada como una forma positiva de motivación que crea cambios positivos. Entonces, ¿cómo puedes usar esta información, no sólo para protegerte sino también para ayudar a mejorar tu vida diaria? Sigue leyendo para averiguarlo.

Entrar en un Estado Mental Sugestionable

Ya sea que estés realizando autohipnosis o tratando de usar una forma de control mental en otra persona, el primer paso es entrar en un estado mental sugestionable. Tener la mentalidad correcta es clave, ya que ser consciente de lo que está sucediendo hará que la mente esté limitada por tu subconsciente. Además, estar en el estado equivocado de conciencia crea una resistencia contra ciertos mensajes.

Para entrar en este estado en el que el subconsciente puede ser fácilmente accesible e influenciado, el cuerpo y la mente deben estar en un estado de relajación. El objetivo es crear el estado de ondas cerebrales alfa de la mente dentro de la frecuencia de 8-12 Hertz.

Hay muchos tipos de relajación, dependiendo de tu intención. Como lograr este estado es crítico, esto hace que sea más fácil para las personas resistirse a la hipnosis no deseada y al control mental sin usar métodos modernos. Estos son algunos de los métodos que se pueden utilizar:

- Relajación Progresiva - Este tipo de relajación implica tensar y liberar diferentes músculos en el cuerpo, usualmente mientras se enfoca en un solo objeto en la mente. Este es uno de los estilos más largos de relajación y puede tardar hasta 30-45 minutos en inducirse.

- El Método Silva - la visualización se utiliza en esta técnica para inducir un estado de relajación. Funciona mejor en situaciones en las que la persona que se controla normalmente estaría relajada. Por ejemplo, no usarías un escenario de relajación en la playa para alguien que le teme al agua. Involucrar los sentidos es muy importante cuando se usa el Método Silva. Con más sentidos comprometidos, se puede lograr un mayor estado de relajación.

- Entrenamiento de ondas cerebrales - El entrenamiento de ondas cerebrales es usualmente un sonido ambiental que se genera a una frecuencia específica. Para inducir un estado alfa, se proyecta una frecuencia de 8-12 Hertz. A medida que las ondas cerebrales se sincronizan, el subconsciente se abre y la mente se vuelve receptiva a las sugestiones. Las tres tecnologías de transmisión de ondas cerebrales utilizadas incluyen tonos isocóricos, latidos binaurales y latidos monoaurales.

- Luces intermitentes - Las luces intermitentes tienen la misma capacidad de inducir ciertas frecuencias de ondas cerebrales en la mente que los sonidos específicos. El estudio de la inducción de ciertos estados o comportamientos con luces intermitentes se llama optogenética, la cual ha sido más estudiada en los últimos años.

La consistencia y la relajación son partes importantes de la inducción de un estado altamente sugestivo. Es importante relajar a la persona de manera que no se distraiga con cosas dentro o fuera de ella. Este estado de relajación puede ser utilizado para acceder a recuerdos específicos, aprender nueva información o hábitos, o crear una sugestión que parezca natural. Una vez que hayas inducido un estado de relajación, puedes pasar a una de las siguientes técnicas.

La buena voluntad es otra parte importante de inducir un estado altamente sugestivo. No debes usar el control mental en personas que no están dispuestas. Incluso puedes encontrar que la relajación progresiva no funciona en personas que no están dispuestas. También funciona mejor en personas que no están preocupadas o que no le temen a la hipnosis o al control mental. Estar informado sobre lo que va a suceder y aliviar las tensiones de antemano ayuda a inducir un estado de relajación.

Algo a tener en cuenta es que la relajación y la hipnosis no son la misma técnica. Aunque la relajación puede ser útil, la persona está mucho más consciente en este estado que cuando se relaja con el propósito de la hipnosis o el control mental. Además, las estrategias de relajación a menudo son inducidas de una manera que hace que la participación sea opcional y fácil de entrar y salir. La relajación del control mental suele ser progresiva y es difícil para la persona salir de ese estado sin una señal o aviso.

Técnicas de Control Mental

Una vez que se ha alcanzado ese estado sugestionable, es hora de hacer la sugestión que creará el cambio o la decisión que esperas ver.

Control Mental Activo

El control mental activo implica estar consciente de su estado subconsciente relajado. Puedes crear cambios en tu forma de pensar, actitudes, pensamientos y comportamientos, pero sólo tú eres consciente de lo que quieres lograr. Concéntrate en tu resultado. Imagínate cómo se sentiría o se vería si lograras tu cambio. Entonces, imagínate a ti mismo entrando por una puerta y convirtiéndote en esa persona. Cuando despiertes de tu trance meditativo, te convertirás en esa persona. También puedes usar esta técnica de control mental para ayudar a un amigo que está pasando por un momento difícil.

Control Mental Pasivo

Los mensajes subliminales se deslizan en la mente y pasan por alto tu percepción consciente. A menudo se deslizan en la música de relajación, lo que alivia tu mente y luego la deja en un estado en el que los mensajes pueden deslizarse fácilmente en tu subconsciente. Esto se hace haciendo los mensajes tan silenciosos que no pueden ser percibidos (escuchados) por el oído humano. Sin embargo, su frecuencia puede ser detectada por el subconsciente.

Puesto que no estás conscientemente activo en este tipo de control mental, se requiere un mensaje pregrabado y música de relajación. Hay muchas variedades de esto, cada una con un mensaje subliminal diferente. Ya que no puedes escuchar conscientemente lo que se está diciendo, es importante que elijas mensajes de una compañía de buena reputación que no se aproveche de sus clientes o que no cree control mental con una intención poco ética.

Anclaje

La técnica de anclaje implica un comportamiento o estímulo que crea un estado de ánimo o mental. Una de las técnicas de anclaje más famosas fue dirigida por Iván Pavlov, quien entrenaba a los perros dándoles de comer cada vez que tocaba una campana. Una vez que los perros estaban entrenados, sus bocas salivaban, y experimentaban retortijones de hambre cada vez que sonaba la campana. Además de crear ciertas reacciones, esta estrategia puede ser utilizada para crear una cierta mentalidad. Por ejemplo, alguien que regularmente siente alegría después de ganar con varios billetes de lotería de raspaditos puede sentir alegría después de raspar el billete, incluso si no gana nada. El trabajo realizado por Pavlov se llama condicionamiento clásico, que ocurre cuando ciertos comportamientos, estados emocionales o estados mentales son desencadenados sin un esfuerzo consciente. Para usar esto efectivamente como una técnica de control mental, se usan anclas.

Los mejores tipos de anclajes se relacionan con los diferentes procesos de aprendizaje y recuperación de la mente, incluyendo los visuales, auditivos y kinestésicos.

Las anclas visuales funcionan bien porque los humanos son criaturas visuales, especialmente a una edad temprana. Piensa en la manera en que un niño se emociona cuando ve su restaurante de comida rápida favorito, aunque todavía no sepa leer. Podríamos ver la cara de alguien y arruinar nuestro día o cambiar nuestro humor instantáneamente o sentirnos alegres cuando vemos la alerta de nuestro banco los jueves por la mañana que siempre indica que nuestro cheque de pago ha sido depositado.

Las anclas auditivas también pueden desencadenar ciertos estados o comportamientos en la mente, estos tipos están asociados con el sonido. Por ejemplo, puedes escuchar el tema de tu programa de televisión favorito viniendo de la otra habitación y emocionarte o sentir pavor al escuchar el despertador por la mañana.

Las anclas kinestésicas involucran la acción física o el tacto y lo vinculan a un cierto estado de ánimo. Las personas que experimentan ansiedad, por ejemplo, pueden usar una táctica de control mental en la que vinculan la acción física de hacer un círculo con el pulgar y el índice para ayudar a aterrizarlos o calmarlos cuando están teniendo un ataque de ansiedad.

Como las anclas son creadas ya que tenemos reacciones específicas a ciertos estímulos y comportamientos, no es raro que las personas creen sus propias anclas a través de la vida. Los anunciantes a menudo usan esto, creando comerciales que inducen a un cierto estado emocional, de modo que siempre que piensas en ese producto, lo ves de una manera positiva. Con el fin de controlar la mente, los anclajes pueden utilizarse para inducir un estado de relajación, como se mencionó en el ejemplo anterior, o para hacer que alguien grazne como un pato cada vez que alguien aplauda. Las posibilidades son infinitas, pero hay varios elementos que deben estar en su lugar para que un ancla a un cierto estado o comportamiento sea efectiva.

- Intensidad - En el momento en que se forma un ancla, su intensidad determina la rapidez con la que se contará con esa ancla en el futuro. Puede tomar varias veces para que esa persona con ansiedad entrene conscientemente su mente para relajarse cuando hace ese gesto con la mano, pero alguien que está aterrorizado por las serpientes sólo necesita tener un mal encuentro con una serpiente para que ese estado de miedo sea inducido cada vez que vea u oiga una serpiente.

- Tiempo - Los anclajes más efectivos son los que se crean dentro del marco de tiempo adecuado. Se crearán buenas anclas en la cúspide de la experiencia cuando los sentimientos que la acompañan sean más intensos. Tratar de mantener este estado e intensidad por un período más largo de tiempo también fortalecerá la conexión.

- Unicidad - Crear una experiencia que es única es importante para evitar que se desencadene en tu vida diaria. No querrás usar un sonido común como aplausos para desencadenar un cierto comportamiento o estado mental; imagina lo que pasaría si fueras a un cine, a una presentación o a un discurso.

- Replicación - La replicación involucra practicar el ancla y continuar haciendo esa asociación. Con el tiempo, el ancla se hará más fuerte. Recuerda que recrear la experiencia de manera precisa y consistente cada vez es fundamental para fortalecer las conexiones neuronales en la mente y formar un ancla fuerte y memorable.

Anclaje en la Práctica: Crear un ancla para un estado de máximo funcionamiento del cerebro

Ahora, echemos un vistazo a esto en la práctica. Esta estrategia puede ayudarte en momentos en los que tienes problemas para concentrarte en tu trabajo o en cualquier tarea que tengas a la mano. Puesto que uno de los elementos de esta ancla es tu postura, es importante que la uses consistentemente en un lugar donde puedas sentarte con la espalda alta. Un escritorio o una mesa y una silla funcionarán bien, ya que es un escenario que puedes recrear fácilmente tanto si estás en el trabajo como en casa.

Si trabajas mejor con música, elige música para que se reproduzca en silencio en segundo plano. También puedes hacer funcionar un ventilador para el ruido de fondo o dejar la habitación en silencio, dependiendo de cuán libre de distracciones esté el área. Una vez que estés cómodo y en un ambiente sin distracciones, siéntate en tu silla. Siéntate erguido, con los hombros sobre las caderas y la columna vertebral lo suficientemente alargada como para darte una postura erguida. Sin embargo, no debes estirar la columna vertebral tanto que te resulte incómodo.

Una vez en posición, respira profundamente. A medida que inhalas, imagínate a ti mismo tomando alientos rejuvenecedores y oxigenantes. El oxígeno de estas respiraciones está llenando tu cuerpo y tu mente, preparándolos para realizar sus respiraciones. Al exhalar, todas las preocupaciones del día y cualquier cosa que pueda distraerte deben flotar lejos, como burbujas o nubes que llevan estas cosas lejos de ti. Ahora, tócate el dedo pulgar al índice.

Para la siguiente parte de esto, es mejor que estas palabras se pronuncien en voz alta. Ya que puede ser más fácil permitir que se filtren si estás en un estado alterado de conciencia, es posible que quieras grabarlos en una cinta y reproducirlos por ti mismo durante esa fase de entrenamiento mental.

A medida que te sientas en un estado de relajación profunda, estás creando un estado en tu mente.

Te sientes tranquilo y concentrado. Tu mente se siente fuerte y poderosa. Estás listo para las tareas que tienes por delante.

Mientras te sientas en este estado de calma, con la intención de concentrarte, pon el pulgar en tu dedo índice y siente las conexiones en tu mente fortaleciéndose. Te sientes cada vez más poderoso.

Tu mente es capaz de las tareas que le asignas. Se rejuvenece y despierta. Trae tu pulgar a tu dedo índice otra vez.

Siéntate en este estado e imagina que el poder te llena, como la electricidad llena una computadora. Tu mente está siendo recargada por la energía de tu cuerpo y la habitación que te rodea. Trae tu pulgar a tu dedo índice otra vez.

Siéntate en ese estado por varios momentos. Si sientes que tu mente se sale de foco, lleva el pulgar a tu dedo índice de nuevo para volver a despertar este estado. Esto transporta su mente a un estado de mayor conciencia y poder de procesamiento.

Lleva el pulgar al dedo índice y siente que te estás despertando, listo para enfrentar el trabajo que tienes por delante.

Cómo Protegerte de las Tácticas de Control Mental de los Demás

Imagina que tienes una emergencia el fin de semana y necesitas encontrar a alguien que termine tu presentación para la semana siguiente. Ahora, piensa a cuál de tus compañeros de trabajo podrías pedirle ayuda. ¿Qué factores determinan a alguien que sea más propenso a decir "sí" a tu petición? Es posible que hayas pensado en un compañero de trabajo al que ayudaste a mudarse unas semanas antes o para el que trabajaste en otro momento. O quizás pensaste en el compañero de trabajo que es más probable que diga "sí", simplemente porque es un jugador de equipo. De todas maneras, esta decisión se basó en quién sería más fácil de persuadir para que hiciera el trabajo por ti.

Las víctimas del control mental se eligen a menudo porque son más fáciles de persuadir y manipular que otras. Hay varias razones que pueden hacer que alguien se destaque. Sabiendo lo que buscan los maestros manipuladores, también puedes ser consciente de cómo protegerte de los intentos de control mental de los demás.

Las personas que ejercen control mental sobre otros para su beneficio personal suelen ser de naturaleza encantadora. Atraen a sus víctimas con su encantadora personalidad, su confianza en sí mismos y su capacidad natural para ejercer la autoridad y parecer líderes. Saben cómo hacer que la gente haga lo que quiera.

Estas personas son a menudo pasadas por alto debido a la naturaleza humana. Creemos que todas las personas tienen el bien en ellos, incluso aquellos que han cometido errores horribles en la vida. Esta creencia de que todo el mundo tiene algo bueno inherente puede convertirte en un objetivo para el control mental. Es también la naturaleza humana parecer cortés, así que si pillamos a alguien tratándonos mal o actuando mal, es más difícil confrontar a esa persona. A medida que la conexión entre nosotros y alguien se fortalece, también lo hace su poder de influencia.

Además, como los humanos naturalmente creen que la gente es buena, pueden no entender por qué la gente sería perjudicialmente manipuladora. Pensar que nunca te podría pasar a ti o no entender cómo funciona es la primera forma de ser manipulado. Si crees que alguien puede estar usando el control mental en ti, tómate tu tiempo para considerar la naturaleza de esa relación. ¿Alguna vez han realizado favores o acciones de una manera que no te haya hecho sentir culpable u obligado luego? ¿Alguna vez has hecho algo que vaya en contra de tus valores fundamentales cuando fuiste persuadido por ellos? ¿Te resulta difícil estar enojado o molesto con ellos? Al saber qué buscar en una persona manipuladora, puedes hacerte más consciente de las personas que pueden no tener tus mejores intereses en mente. Algunos de las señales que puedes exhibir y que te convierten en un blanco para personas manipuladoras incluyen:

- Dificultad para decir que no, hacer preguntas o expresar dudas
- Preocupación por cómo te ven los demás
- El deseo de encontrar respuestas claras, en un corto espacio de tiempo
- Estar en un estado de estrés, ansiedad o depresión
- Abuso de sustancias
- Personalidad supersticiosa
- Personalidad dependiente
- Susceptibilidad a estados alterados de conciencia
- Descontento general con la sociedad

También es común que las personas manipuladoras se dirijan a otros que luchan con su falta de propósito o significado o que tienen una insatisfacción general con su vida. Pueden sentirse solos, tener baja autoestima o estar experimentando algún tipo de fracaso. También hay muchos rasgos positivos que tienen las personas que se pueden controlar fácilmente, incluyendo un alto respeto por la autoridad, idealismo ingenuo, la necesidad o el deseo de encontrar un nivel más alto de espiritualidad, y una naturaleza bondadosa o el deseo de cuidar de los demás. Todos estos son rasgos que un manipulador puede aprovechar.

Capítulo 6: Dominar el Arte de la Manipulación

Ahora que tienes una comprensión de la PNL, el control mental y la persuasión, este capítulo te dará técnicas adicionales que te ayudarán a dominar el arte de la manipulación. Como se mencionó en el primer capítulo, estas estrategias deben utilizarse de manera que se obtengan resultados positivos. Siempre considera todos los resultados posibles antes de manipular a alguien para tu beneficio o el de ellos. Aunque hay momentos en los que es apropiado, también hay momentos en los que no es ético manipular a alguien de esta manera.

Conoce a tu Objetivo

La mejor manera de manipular a alguien es comprender su perspectiva única del mundo. Harás esto a medida que aprendas más sobre ellos con el tiempo. Para tener una comprensión completa, debes considerar los tres aspectos siguientes de la personalidad:

- Personalidad Privada - Cómo se experimentan las personas internamente. Es una colección de preferencias personales, valores, esperanzas, ambiciones, emociones, pensamientos y actitudes. La personalidad privada también puede incluir rasgos positivos y negativos, algunos que podemos trabajar para mejorar, y otros, que podemos tratar de ignorar u olvidar.

- Persona ('Yo' Público) - Cómo te ves a ti mismo, externamente. Esta es la forma en que deseas que te vean los demás. El 'yo' público es la elección consciente de lo que revelas o mantienes oculto al mundo que te rodea. Generalmente, las personas tratan de mostrar las partes de sí mismas que piensan que son mejores mientras minimizan las partes "malas".

- Reputación - Cómo ven los demás a una persona, externamente. La reputación no es algo de lo que las personas son responsables, ya que implica la forma en que encajan en las percepciones del mundo de otras personas. Aunque pueden tener alguna influencia en la forma en que la gente los ve, generalmente, las personas son juzgadas en base a sus primeras impresiones y su apariencia. Superar este sesgo de primera impresión es crucial, ya que es común que las personas busquen información para probar que tenían razón sobre sus suposiciones iniciales, en lugar de buscar información que pudiera hacer que cambien sus opiniones. Esta es una de las razones por las que las personas que son naturalmente agradables son buenas en el control mental y la manipulación; incluso cuando muestran signos de ser manipuladores, la gente tiende a ignorarlos y, en su lugar, tratan de confirmar la primera impresión que tienen de ellos.

Al aprender estas diferentes informaciones sobre las personas con las que pasas tiempo, puedes aprender más sobre sus verdaderos intereses e intenciones. Entenderás las congruencias e incongruencias que existen entre sus pensamientos y comportamientos físicos.

Utiliza la Ventaja de la Corte en Casa

Hay una razón por la que a los miembros de la gerencia les gusta llamar a los empleados a su oficina cuando están molestos con ellos: les da una ventaja. Como es probable que el empleado se sienta incómodo o familiarizado con la oficina de la gerencia, es menos probable que discuta y más probable que se someta a órdenes.

Cuando estás tratando de persuadir a alguien, es más fácil hacerlo cuando tienes la ventaja de la comodidad. Por ejemplo, es más probable que un compañero de trabajo acepte ayudarte con tu carga de trabajo durante el fin de semana si vas a almorzar en tu auto y ellos están sentados como pasajeros que si estuvieran sentados en el asiento del conductor. Puedes usar lugares como tu auto, tu oficina, tu casa u otros lugares donde estés familiarizado y cómodo.

Presta Atención a tu Apariencia Física

Una vez que alguien te haya juzgado por primera vez, ellos pasarán el resto de tus interacciones juntos tratando de encontrar información que pruebe esa impresión inicial que dejaste con tu apariencia. Cuando estás tratando de dejar una impresión positiva, es importante estar bien arreglado y vestido apropiadamente para la impresión que quieres dejar. Como es mejor estar en el poder cuando estás tratando de dejar una buena impresión, elige ropa que te haga lucir bien y sentirte poderoso. Tu corte de pelo también ayuda a determinar el mensaje que envías, así que asegúrate de elegir un estilo que se adapte a tu rostro.

Cuando no estás seguro de tu audiencia, no debes elegir un traje que pueda ser considerado un riesgo para la moda. Elije algo que se ajuste bien a tu cuerpo y que muestre tu confianza. Cuando no estés seguro de qué ponerte, elige un look clásico. Vestidos negros, una falda y blusa de aspecto elegante, y trajes son todas buenas piezas clásicas que casi siempre causan buena impresión cuando se usan correctamente.

Conviértete en un Maestro del Lenguaje

El lenguaje es una parte crítica de la PNL, la persuasión, el control mental y la manipulación. Para poder conectarte con una amplia gama de personas de diferentes experiencias de vida y antecedentes, es importante dominar el lenguaje. A medida que aprendas a leer a la gente, aprenderás más sobre las asociaciones positivas y negativas que tienen con ciertas palabras. Al elegir aquellas que son más o menos atractivas, puedes crear un diálogo que manipule de manera que te permita alcanzar tu objetivo.

Hay muchos elementos para dominar el lenguaje. Uno de ellos es tener un amplio rango de vocabulario y estar familiarizado con diferentes dialectos. Leer de diferentes géneros puede ayudarte a entender la comunicación entre las personas. Además, al ampliar tus capacidades lingüísticas mediante el aprendizaje, también tendrás la oportunidad de aprender más sobre diferentes temas. Esto te da más material para hablar y te ayuda a hablar de diferentes temas con facilidad. Leer cualquier material puede ayudarte a hablar mejor y a mejorar tu vocabulario, desde periódicos y revistas hasta libros de texto y novelas.

Trabajar en tu voz, tono y lenguaje corporal también puede ayudar. La mayor parte de lo que comunicamos no es verbal, por lo que es importante que envíes el mensaje que estás tratando de transmitir. Asegúrate de que tu lenguaje corporal y tu tono estén alineados con las palabras que estás diciendo. Es buena idea practicar frente al espejo para ganar confianza en tus interacciones. Repasa los escenarios en los que te encontraste durante el día o imagina escenarios de comunicación. Luego, háblate a ti mismo en el espejo como si estuvieras hablando con la otra persona. Fíjate en tus movimientos y en lo que transmiten mientras hablas.

Conclusión

A medida que desarrollas una comprensión más profunda de la mente y de cómo las experiencias individuales moldean las percepciones, puedes usar esta información para influir en la opinión de las personas y convencerlas de que tomen medidas en sus vidas. Es importante utilizar esta información de manera ética, de manera que no cause daño físico o emocional y de manera que beneficie al bien común.

Ya sea que uses lo que has aprendido en el lugar de trabajo o en tu vida personal, ahora estás armado con las herramientas que necesitas para tener éxito. Podrás convencer a la gente de que apoye tus ideas y objetivos. También podrás usar la PNL y las técnicas de control mental en ti mismo, ayudándote a alcanzar un estado de excelencia en el que puedas sobresalir.

Aunque muchas personas relacionan la manipulación con una táctica negativa, hay muchas maneras en que puede ser beneficiosa y apropiada en tu vida. Al combinar técnicas de manipulación con PNL, control mental y persuasión, descubrirás que la vida te da las cosas que necesitas.

¡Mucha suerte!

© **Copyright 2019 - Todos los derechos reservados.**

El contenido de este libro no puede ser reproducido, duplicado o transmitido sin el permiso escrito directo del autor.

Bajo ninguna circunstancia se responsabilizará o culpará legalmente al editor por cualquier reparación, daño o pérdida monetaria debida a la información aquí contenida, ya sea directa o indirectamente.

Aviso Legal:

Usted no puede modificar, distribuir, vender, usar, citar o parafrasear ninguna parte del contenido de este libro sin el consentimiento del autor.

Advertencia Legal:

Tenga en cuenta que la información contenida en este documento es sólo para fines educativos y de entretenimiento. No hay garantías de ningún tipo expresadas o implícitas. Los lectores reconocen que el autor no está involucrado en la prestación de asesoramiento legal, financiero, médico o profesional. Por favor, consulte a un profesional con licencia antes de intentar cualquier técnica descrita en este libro.

Al leer este documento, el lector acepta que bajo ninguna circunstancia el autor es responsable de las pérdidas, directas o indirectas, que se produzcan como resultado del uso de la información contenida en este documento, incluyendo, pero no limitándose a, errores, omisiones o inexactitudes.

www.ingramcontent.com/pod-product-compliance
Lightning Source LLC
LaVergne TN
LVHW020422070526
838199LV00003B/246